JN106327

マーケティング思考力トレーニング

戦略の引き出しを増やすマーケティングトレース

黒澤友貴
Kurosawa Tomoki

フォレスト出版

はじめに
――マーケティングを学びたいすべての人へ

マーケターの筋トレとは何か？

マーケティングトレースとは、企業のマーケティング戦略をフレームワークに落とし込んで分析し、言語化や図解をしながら思考力を鍛えるトレーニング手法です。自分自身がテーマ企業のCMO（最高マーケティング責任者）になった想定で、戦略の仮説作りまでを行います。

さて、皆さんはマーケティングを学びたいと考えたときにどのような行動をとりますか？

選択肢❶　マーケティングに関する本を読む
選択肢❷　マーケティングのセミナーに参加する
選択肢❸　MBAの授業を受ける

選択肢はたくさんありますね。
どれも有効的な学習方法だと思います。
マーケティングを学ぶ学習環境は年々整ってきているように感じます。
一方で、このような課題を抱えている人も多いのではないでしょうか？

・本を読んでも、どのように実務とつなげればいいのかわからない
・セミナーに参加して有名マーケターの話を聞いたけれど、自分の仕事の場合はどうすればいいのかわからない
・MBAには興味あるけれど取得するのにお金と時間がかかるし、そもそもそこまで投資するべきなのか悩んでしまう

これらの課題は筆者自身もマーケティングの仕事に10年近くかかわる中で、ずっと悩んできたことです。

本書でご紹介する、マーケティングトレースは、マーケティングを学びたいすべての人に実践していただきたい「日常生活の中でできるトレーニング」です。やり方さえ学べば、誰もが今日からマーケティング思考を鍛えるためにスタートできます。

はじめまして。黒澤友貴と申します。

本書のタイトルであるマーケティングトレースとは「マーケターの筋トレ」をコンセプトに、マーケティング思考力を鍛えるためのトレーニングとして私が考案した造語です。

トレースという言葉は、「なぞる」という意味です。

優良企業のマーケティング戦略をトレースする（なぞる、真似する、模倣する）、つまり、自分なりに言語化・フレームワークを活用して図解することで、成果につながるマーケティング戦略・戦術を自分のものにすることを狙いとしています。

「マーケティングに興味があるけれど学び方がわからない」「マーケターとしてもっとレベルを上げていきたい」と考えているすべての人に実践していただきたいトレーニングです。

マーケティング思考は一朝一夕に身につくものではありません。日々のトレーニングが必要です。日常の中でマーケティング思考を磨くトレーニングにしたいという想いをこめて、「マーケターの筋トレ」という表現をしています。

この書籍を通じて、マーケティングの力で自分自身のキャリアを一歩前に進める方、組織や市場の課題を解決する方を1人でも多く増せたら幸いです。

最初にお伝えしたいことがあります。

本書は、私1人で書いた本ではありません。マーケティングトレースの「コミュニティ」の力で完成させた本です。

2018年の4月にマーケティングトレースという言葉をnoteで発信し、最初は自分自身のトレーニングとして行ってきました。

しかし、SNSで発信をしていく中で、「マーケティングトレースを自分も実践してみたい」「自分もマーケターとしてレベルアップしたい」

という人たちから声をかけていただき、コミュニティを作りはじめました。

2020年1月時点では3000名近くの人がFacebookグループに登録するコミュニティとなり、毎月ミートアップを開催しながらマーケター同士がつながり、学習し合うコミュニティを作っています。

一緒にコミュニティを作り、一緒に学び、アウトプットを出してくれる他者の存在があったから自分自身の学びも有意義なものになりました。

第3章では、コミュニティメンバーが作った事例も紹介しています。

また、記事の中では情報の出典元などへのリンクも用意しています。

組織内の研修や自分1人だけでは学ぶことができない「コミュニティで学習する価値」を本書でお伝えしていきます。

それでは「マーケティングトレース ── マーケターの筋トレ」を始めましょう！

○本書の読み進め方について

マーケティングトレースという言葉をはじめて目にしたという方は、第3章の事例を一番最初にお読みいただけるとイメージをつかみやすいでしょう。

第1章と第2章はマーケティングトレースを実践するために必要な考え方についてまとめています。

第3章と第4章はマーケティングトレースに継続して取り組み、皆さんのキャリアと結びつけて考えるための考え方をまとめています。

第1章から第5章を順々に読み進める必要はありません。ご自身が必要と感じる箇所から読み進めていただいて大丈夫です。

一番大切にしていただきたいことは、書籍から学んだことを実践すること、継続して取り組むことです。

マーケティングトレースは、実践すること、継続することで、はじめて成果を体感できます。ジムに通って筋トレを1日だけしても身体は何も変わらないのと同じです。

ぜひ、日常の中で楽しみ、継続して取り組んでみてください。

マーケティング思考力

ステップ1

トレースする
テーマ企業を決めて
概要を確認する

好き、成長性、社会性を
選定基準とする

ステップ2

PEST分析
5Forces分析
市場環境を分析する

フレームワークを活用し、
市場と競合を定義する

ステップ3

3C分析
STP分析
4P分析
戦略を分析する

フレームワークを活用し、
差別化要素、顧客、
価値の届け方を定義する

ステップ6

自分以外の人に
共有できる形にまとめる

紙のノート、スライド、文章など
フォーマットは自由

ステップ7

#マーケティングトレースを
つけてSNSで発信

noteでの発信を推奨
※ミートアップの場では
グループ内共有

ステップ8

フィードバックをもらう
フィールドワークに行くなど
追加調査と分析をする

コミュニティ内から
フィードバックを受ける

トレーニングの全体像

Marketing thinking training

収益ドライバーを
整理する

ロジックツリーで売上・利益に
影響を与える変数を定義する

自分がCMOだったらの
仮説を出す

市場・顧客・組織を動かす
仮説を出す

ステップ 9

トレースした内容を仕事に
どう活かせるかを
書き出してみる

自身の仕事に
活かせることを3つにまとめる

ステップ 10

次のマーケティングトレース
準備！　継続が大事！

自分のキャリアプランに合わせて
マーケティングトレースを
学びに取り入れる

Point
マーケティング思考力
トレーニングのポイント

トレースからの発見・
学びを楽しもう！

継続して取り組み、
不完全でも発信しよう！

コミュニティの力を
最大限活用しよう！

目次 contents

第1章 マーケティングトレース ―マーケターの筋トレ―とは何か？

第2章 マーケティングトレースに活用するフレームワーク解説

第3章 マーケティングトレースの事例集

第4章 マーケティングトレースの取り組み方と継続する工夫

第5章 マーケティング思考力で理想のキャリアを築こう

ブックデザイン / bookwall
カバーデザイン素材提供 / 上司ニシグチ
本文図版制作 / 伊谷屋
本文図版&DTP制作 / 津久井直美
プロデュース&編集 / 貝瀬裕一(MXエンジニアリング)

第1章

マーケティングトレース
―マーケターの筋トレ―とは何か？

ステップ1 → ステップ2 → ステップ3

ステップ1
トレースする
テーマ企業を決めて
概要を確認する

好き、成長性、社会性
を選定基準とする

背景と取り組み方

ステップ2
PEST分析
5Forces分析
市場環境を分析する

フレームワークを活用し、
市場と競合を定義する

ステップ3
3C分析
STP分析
4P分析
戦略を分析する

フレームワークを活用し、
差別化要素、顧客、
価値の届け方を定義する

ステップ4 → ステップ5

ステップ4
収益ドライバーを
整理する

ロジックツリーで売上・利益に
影響を与える変数を定義する

ステップ5
自分がCMOだったらの
仮説を出す

市場・顧客・組織を動かす
仮説を出す

なぜマーケティング思考力のトレーニングを開発したのか？

マーケティングの仕事をしていると、次ような課題にぶつかることはありませんか？

・思いつく限りの施策はすべてやっているのに成果が上がらない
・目の前の作業に追われてしまい考える時間が取れない

筆者は10年間近く、デジタルマーケティングの業界にかかわってきていますが、目の前の作業に追われて、戦略を考える時間が取れていなくて悩んでいる人をたくさん見てきました。

また、このような声を聞くこともしばしばあります。

「マーケティング戦略を考えたいけれど、どのように考えればよいのかわからない」
「マーケティングの仕事をしているけれど、マーケティングそのものと向き合えていない」

本書では、このような課題を抱えている方々に向けて、「マーケティング思考力のトレーニング方法」をお伝えします。

マーケティングトレースとは

筆者はマーケティング戦略を想像しながらトレースしてみるというトレーニングを「マーケティングトレース」と定義しています。企業の商品・サービスをマーケティングのフレームワークに落とし込んで、自分がCMOだったらという視点から分析します。

たとえば、デザイナーの方々がUIトレースというトレーニングを行い、インプットとアウトプットを繰り返しているのと同じようなことです。

このマーケターのトレーニング方法は、筆者が自ら実施し、コミュニティを作って、普及を推進しています。

トレーニングを積めばマーケティング思考は誰でも身につけることができます。マーケティングトレースは、2018年6月にコミュニティ運営をスタートし、2019年12月末までに800名近くの人たちが参加・体験しています。

今までマーケティングを学んだことがなかった学生や、マーケティングの仕事に行き詰まっていた人たちが、トレーニングを繰り返すことで、自分自身の仕事でマーケティング思考を活かして価値を生み出していく姿を見てきました。

本書を通じて、皆さんがマーケティング思考力を鍛え、仕事で成果を出したり、自分のやりたいことを実現させることに微力ながらご協力できたら幸いです。

マーケティング思考とは何か?

皆さんはマーケティングという言葉に興味があり、本書を手にとっていただいているのだと思います。

皆さんにとってマーケティング思考とは何でしょうか?

なんのためにマーケティング思考が必要なのでしょうか?

著者はマーケティングを次のように定義をしています。

マーケティングは組織が価値を提供し
その対価として消費者が金銭・時間などのコストを支払う交換行為

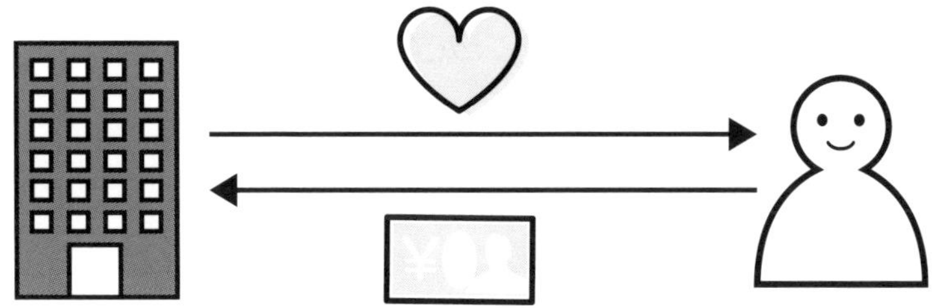

企業と生活者の両者がともにハッピーになる構造を作ることがマーケティングです。

マーケティング思考とは何か？

❶ 届ける価値を最大化・最適化する

↓

❷ ユーザーのニーズ・ウォンツが満たされる（喜ばれる）

↓

❸ 企業が儲かる

本書では、この❶〜❸の流れを作り出すための考え方を「マーケティング思考」と定義しています。そして、よい価値を届けられる構造を考えることを「マーケティング思考」と定義します。

なぜマーケティング思考のトレーニングが必要なのか？

結論からお伝えすると、マーケティング思考がないと仕事はうまく回りません。

「成果が出ない」「儲からない」といったことはマーケティング思考が欠如した仕事の結果です。

また、マーケティング思考は、特定の人に求められるものではなく、仕事をするすべての人に必要なものです。

ロジカルシンキングと同じように、仕事をするうえでの基礎スキルだと著者は考えています。

しかし、マーケティングという言葉は、一部の戦略を考える人やマーケティングの部署内のみで使われることが多く、マーケティング思考のトレーニング機会も限られています。

昨今、マーケティングをテーマにした本は世の中にあふれています。Amazonで検索をしたり、書店に足を運べば、マーケティングを学ぶための教材に出合うことができるでしょう。また、マーケティングをテーマとした勉強会も増えてきています。

しかし、マーケティング思考そのものを鍛える「体系化されたトレーニング」がありません。

これが、著者がマーケティングトレースという言葉を作り、広めようとした理由です。

体系化されたトレーニングがないために、情報をインプットしただけで終わってしまい、仕事で活用ができないと悩んでいる人が多い現状です。

ここから、マーケティング思考を日常の中で鍛えるトレーニング手法について解説していきます。

ぜひご紹介しているトレーニングを実践していただき、マーケティング戦略を理解して、自分で作る楽しさを味わってみてください。

模倣する力を鍛えよう

「優れた人物、優れたものがあったら、恥じることなく大いに見倣って勉強すべき」
「徹底してその人に見倣い、研究し、模倣する。その過程で個人の能力は相当高まるだろう。そして、その高まった能力によって個人のオリジナリティというものが生み出されることになると思う」

ドトールコーヒーの創業者、鳥羽博道氏の言葉です(出典『ドトールコーヒー「勝つか死ぬか」の創業記』日経ビジネス人文庫)。

マーケティングトレースの「トレース」という言葉は、なぞる、マネする、模倣するという意味をこめています(「トレース」の正確な言葉の定義ではありませんが)。

よい模倣する力を身につけるためのトレーニングと位置づけています。

「トレース」がなぜマーケティング思考を鍛えるために必要なのでしょうか?

ここで、マーケティング以外の領域における学習方法・トレーニングについて考えてみます。

たとえば、日本の伝統芸能の世界では、有名な「守・破・離」という考え方があります。

❶ 守……**お手本や基本を忠実に守る**
❷ 破……**お手本に自分なりの工夫を加える**
❸ 離……**まったく新しい自分独自のものを作る**

この守破離はビジネスの世界でも使われることが多い言葉です。独自のアイデアもトレース（模倣）から始まるということを教えてくれる法則です。

そのほかの世界でも、模倣は一流になるためのトレーニングとして根づいています。画家や作曲家などは、師匠やほかの作家の作品を模倣します。コピーライターやデザイナーなども優れた作品を模倣します。

スポーツの世界でも、たとえば野球選手を志す人であればイチローの打撃フォームや走り方を模倣することが多いのではないでしょうか。

どんな分野でも、よい手本をトレースすることは一流になるための基礎トレーニングとして根づいているわけです。「すべての学びは模倣から始まる」といえるでしょう。

ビジネスの世界ではネガティブに受け取られるかもしれません。しかし、模倣することは、すべての学びの基本というだけでなく、もっと広く考えると、仕事で成果をあげるために必要なことです。

マーケティングトレースから優れた事例の模倣を繰り返し行い、戦略の引き出しを増やしていきましょう。

とはいえ、いくら模倣が大事といっても、表面的なマネでは意味がありません。実践に活かすことができる知識にすることを目指して模倣をすることが大切です。

裏側の仕組みや価値観から理解して模倣する

極端な例ですが、「この企業がこの広告媒体に投資しているから、自分もマネしてみよう」というのは、よい模倣ではありません。

企業の成功は、ビジョンや理念、ビジネスモデル、組織文化などが絡み合っています。この裏側の仕組みや価値観から理解して、根底から模倣する力を磨いていくことを、マーケティングトレースでは推奨しています。

成功企業の戦略のトレースを繰り返して、脳内に成功パターンを蓄積していくとどのようなメリットがあるのでしょうか？

たとえば、上司から「マーケティング戦略を考えてほしい」「面白くて成果があがりそうな企画を考えてほしい」という無茶な依頼があったときでも「以前にトレースした企業のどれと一番パターンが似ているか」「どこから戦略を持ってこられそうか」を考え、仮説を出せるようになります。

模倣により「マーケティング近視眼」を予防する

ハーバード・ビジネス・スクールの教授で偉大なマーケターのセオドア・レビット教授の「マーケティング近視眼」という言葉があります。

事例として有名なのは、鉄道業界の衰退を表したものです。自動車や航空機などの進展によって衰退へと追いやられた鉄道会社。自社の事業を人やモノを目的地に運ぶことと捉えることができず「車両を動かすことを自らの事業と定義」してしまったことが衰退の要因と言われています。

意識的に成功している企業を模倣するトレーニングを繰り返すことが、このマーケティング近視眼を予防することにつながります。

目の前のタスクや成果に追われてしまい、視野が狭くなってしまっているという悩みを抱えられている方は、ぜひ「模倣」を通じて視野を広げる“戦略脳”を鍛えてみてください。

次から、そもそもマーケティングトレースについて具体的に解説していきます。

マーケティングトレースとは何か？

マーケティングトレースの実践方法はシンプルです。

テーマ企業を決定し、その企業のマーケティング戦略の成功要因を考え、最後に「もし自分がCMOだったら？」という仮説を考えます。

発見：トレースする事例を見つける
観察：フレームワーク分析
考察：「もし自分がCMOだったら？」を考える

マーケティングトレースの3つのプロセス

発見	観察	仮説
トレース事例を見つける	調査しながらフレームワーク分析	「もし自分がCMOだったら?」を考える

❶ テーマ企業を決定する

まず最初に、トレースするテーマ企業を決定します。
次の3つをテーマ企業の選定基準としています。

❶ 社会性が高い
❷ 成長性が高い
❸ 自分が好き

テーマ企業を選定したら、トレースをしていきます。
テーマ企業を決めるオススメの方法をご紹介します。
次の3つの視点でトレースするテーマ企業を選んでみてください。

マーケティングと経営をつなぐ思考を鍛える

社会性

社会にとってよい商品／サービス

成長性

成長性が高い

好き

自分が好きである

❶ 日常生活の中で接点のあるブランド

自分が日常で使っているブランド/サービスをテーマ企業として選定す

ることが一番オススメです。

「なぜそのブランドが好きなのか?」「なぜ使っているのか?」「どうやって売れているのか?」など、ユーザー視点とマーケター視点を往復しながら分析をしてみてください。

話題性がある、またはなじみのある企業をトレースするのは取り組みやすいです。

② 「カンブリア宮殿」で特集されている企業/ブランド

「カンブリア宮殿」では、成長性と社会性のある企業が毎週特集されます。番組を観たうえで追加情報を企業のWebサイトやメディア情報で補足分析をします。番組内で特集されているエピソードをさらにフレームワークを活用し分析することはマーケティング思考を鍛える有効なトレーニングとなります。

③ 日経新聞/Newspicksその他メディアで特集されている企業/ブランド

各経済メディアでは成長企業の裏側を取材・分析した記事が出ています。その取材記事をさらにマーケティング視点で深掘りしていきます。「この記事に書かれていることは本当か?　違う視点はないか?」などと問いを持ちながら分析してみてください。

② 成功要因をトレースする

「トレースする」とは、次の2つの作業のことです。

① **テーマ企業のマーケティング戦略をフレームワークを活用して分析する**
② **テーマ企業がなぜ成功しているかを言語化する**

成功企業の背景にあるマーケティング戦略を分析することで、自分の脳内に「マーケティングの成功パターン」を蓄積し、戦略の引き出しを増やすことを目的としています。

❸「もし自分がCMOだったら？」を考える

最後に自分がもしテーマ企業のCMOだったら、どのような打ち手をとるかを考えます。トレースした内容を踏まえて自分なりの仮説を作ります。

このあとに詳細なトレースのプロセスを解説していきます。

マーケティングトレースの6ステップ

マーケティングトレースは大きく6ステップに分かれています。

フレームワークの詳しい解説は第2章でするので、ここでは全体像をつかんでいただければと思います。

具体的なトレース方法は次の6つのステップに細分化しています。

マーケティングトレースの6ステップ

1. 企業概要を整理
   - 業界カテゴリー
   - ビジョン/ミッション
   - 財務状況
2. 市場と競合を定義
   - PEST
   - 5Forces
   - 3C
3. 戦略整理
   - STP
   - 4P/4C
4. KGI/KPI を整理
   - 収益ドライバー
   - KGI/KPIツリー
5. 組織資源や構造を整理
   - 組織図
   - 組織の強み/弱み
   - 組織資源
6. もし自分が CMO だったら?
   - ターゲット再定義
   - ポジショニング再定義
   - マーケティングミックス再定義

01. 企業概要を整理する
02. 市場と競合を定義する
03. 戦略を整理する

04.KGI・KPIを整理する
05.組織資源や構造を整理する
06.「もし自分がその企業のCMOだったらどうするか」を考える

STEP 01.企業概要を整理する

テーマ企業の概要をつかむために、会社概要、提供サービスなどを整理します。整理する項目は次の通りです。

・企業名
・主要商品／ブランド
・業界カテゴリ
・ビジョン／ミッション
・財務状況

STEP 02.市場と競合を定義する

テーマ企業を取り巻く市場環境や業界構造を理解し、自分なりの競合や業界を整理・定義します。活用するフレームワークは次の3つです。

・PEST
・5Forces
・3C

STEP 03.戦略整理

この企業は、誰に対して、価値をどのように届けているのかを整理します。活用するフレームワークは次の2つです。

・STP
・4P/4C

STEP 04. 収益ドライバーを整理

テーマ企業のマーケティング戦略を考えるうえでの収益ドライバーを整理します。次のフレームワークを活用します。

・ロジックツリー

STEP 05. 組織文化や構造を整理

テーマ企業のマーケティングを支える組織構造や文化を整理します。具体的には、次の3つを整理します。

・組織図
・組織の強み／弱み
・組織資源

STEP 06. もし自分がその企業のCMOだったら？

最後に、自分がテーマ企業のCMOだったらどのような戦略をとるかを考えます。自分なりに言語化することは次の3つです。

・ターゲット再定義
・ポジショニング再定義
・マーケティングミックス再定義

視座を上げて自分なりの仮説を言語化すること

マーケティングトレースでは、最後に「自分がCMOだったらどのような打ち手を考えるか？」を言語化することを推奨しています。

この問いを最後に入れているのには理由があります。

普段のマーケティングの仕事では、広告・SNSの運用、SEO対策など、どうしても小さな施策が主な業務となってしまいがちです。

特にデジタルマーケティングの領域では、すべてがデータで結果が見えてくるためミクロな指標にとらわれて、そもそもの経営戦略や市場構造が見えなくなってしまいやすいのです。

そのため、特定のチャネル最適化に大半の時間を使い、経営視点で考える習慣が身につかず、キャリアに行き詰まってしまっている方が多い印象を受けています。

マーケティングトレースは、「自分がCMOだったら?」という問いに応えることを大前提にテーマ企業の分析・仮説立案に取り組みます。

普段の仕事よりも、自分の視座を上げて「マーケティングと経営をつないで考える力」を磨くことを目指しましょう。

マーケティングと経営をつなぐ思考を鍛える

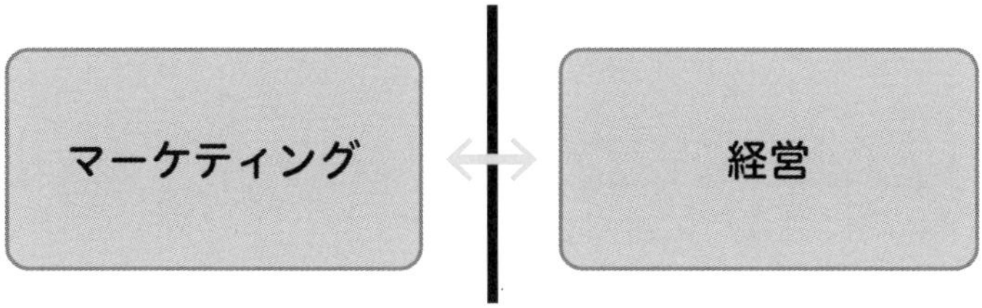

マーケティング ⟷ 経営

正解よりも「自分なりの仮説」が重要

すべてのマーケティングトレースが、上記の6ステップに基づかなくても大丈夫です(第4章に日常編・初級編・中級編・上級編に分けた取り組み方をご紹介しています)。

大切なのは、自分なりにテーマ企業のマーケティング戦略を言語化・構造化し、最後に自分なりの仮説を出すことです。

マーケティングトレースは、筋トレ(=トレーニング)です。完璧な答えを出す必要はありません。「自分だったらどんな戦略を描くか?」を考えてみてください。

マーケティングトレースで鍛えたい3つの思考力

マーケティングトレースは「マーケターの筋トレ」という別名の通り、日々の思考を鍛えるトレーニングです。

身体を鍛える筋トレと同様に、何を意識して取り組むかによって効果は変わってきます。

マーケティングトレースでは、マーケターに必要などのような思考を鍛えることを目的としているのかをお伝えしていきます。

マーケティングトレースで鍛えたい思考は次の3つです。

① 一気通貫思考
② 三方良し思考
③ 言語化・構造化力

① 一気通貫思考：戦略・戦術・実行を一気通貫で考え成果につなげる力

一気通貫思考を図解すると次のようなイメージです。

ビジョン・戦略・実行の一気通貫思考

ビジョンレイヤー
事業の方向性を決める

戦略レイヤー
ビジョンを達成するための手段を決める

実行レイヤー
決まった要件の中で運用する

ビジョン・戦略・実行それぞれがどのような仕事なのかを考えてみましょう。

ビジョンレイヤー……自分たちがどこに向かっていくのかを考える。事業の目的や自分たちが成し遂げたいことを決める仕事です。

戦略レイヤー……掲げたビジョンをどのように達成するのか具体的な策を考える、誰にどのような価値を提供するのかを考える仕事です。

実行レイヤー……決まった戦略・戦術を運用・効果測定を行うフェーズ

多くのマーケターが抱える課題に「実行部分で忙しくて戦略を考える時間が取れない」ということがあります。

実行部分で時間を使いすぎると、そもそも戦略部分が間違っているために成果が出にくいということに気づかないという状況が生まれてしまいます。

一気通貫でマーケティングを考えることによって、それぞれの段階のつながりを意識し、成果に結びつけることができます。

❷ 三方良し思考：市場・組織・顧客の三方良しの状態を実現する力

2つ目のマーケティング思考の定義は、三方良し思考です。

「マーケティング＝三方良し」で考えます。

三方とは、市場・顧客・組織です。

この市場・顧客・組織の関係性を読み解いたうえで、どのような施策を打つべきかを考え、顧客が買いつづけてくれる仕組みを構築することがマーケターの役割であり、持つべき思考です。

市場・組織・顧客の三方良し思考

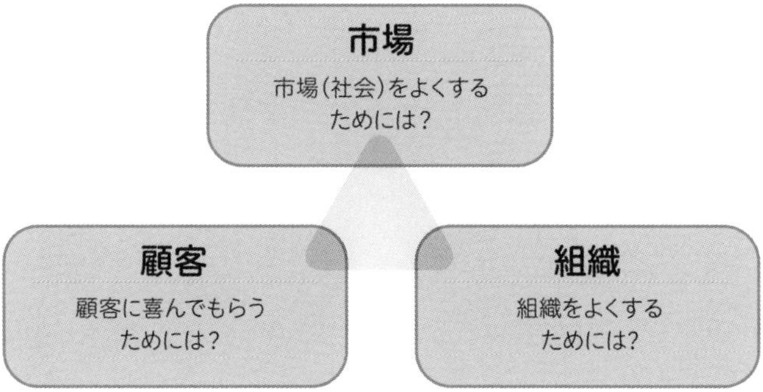

市場
市場（社会）をよくするためには？

顧客	組織
顧客に喜んでもらうためには？	組織をよくするためには？

一気通貫思考＋三方良し思考＝マーケティング思考

一気通貫思考＋三方良し思考＝マーケティング思考と捉えると、広告・SNS・アクセス解析のデータを分析して、説明責任を果たしているだけでは、マーケティングをしていると言えないわけです。

一気通貫思考でそれぞれのつながりを理解し、三方良し思考で因果関係を読み解くことがマーケティング思考に必要なのです。

「もし自分がその企業のCMOだったら？」を最後に考える際には、一気通貫思考＋三方良し思考、この2つを意識して取り組んでみてください。きっと、普段の仕事では気づけない発見があるはずです。

❸ 言語化・構造化する力

マーケティングトレースは、成長している企業、売れている商品の背景にあるさまざまな要素の「因果関係」を言語化・構造化していきます。

著者がこれまでマーケティングの現場にかかわってきた中で感じているのは、成果を出すマーケターは、みんな「言語化力・構造化力」が優れているということです。成功する理由を言語化・構造化することができるから、組織を動かすことができたり、再現性を高めることができます。

そのため、マーケティングトレースでは、言語化力と構造化力を鍛えるためのトレーニングとして位置づけています。

❸ 戦略を言語化・構造化する力

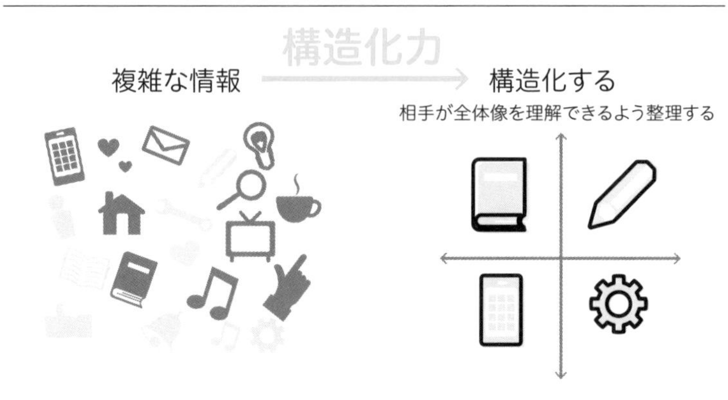

1つの事象を言語化・構造化しながら読み解いていくイメージをフィッシュボーンチャートで整理すると下の図のようなイメージです。

マーケティングの成果を出すためには、組織、財務、外部環境、業界構造、マーケティングミックスなど、幅広い要因が絡み合っています。

複合的に分析して、成果を出すために必要な要素の因果関係を読み解く必要性をイメージしていただければと思います。

マーケティングトレースの結果に影響する要因像

組織構造
組織文化
育成
採用
財務
投資
営業利益
販管費
外部環境
政治
経済
技術
社会
マーケティングミックス
売り値
売り方
売り物
売り場
業界構造
競合
代替品
新規参入
マーケティング成果

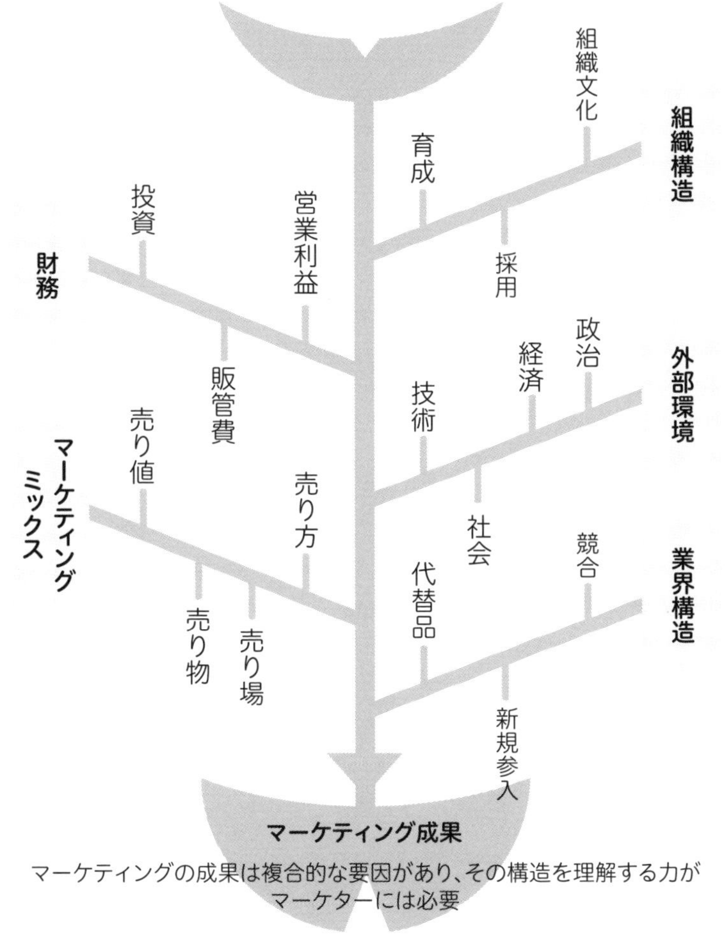

マーケティングの成果は複合的な要因があり、その構造を理解する力がマーケターには必要

ここで成果を出すマーケターの思考をトレースしてみましょう。因果関係を読み解く、つまり言語化・構造化するとはどういうことかを整理します。

優れたマーケターの思考をトレースする

① 事実：この企業の営業利益が150パーセント成長している

↓

② 問い：成長の背景には商品と価格戦略がカギになっているのではないか？

↓

③ 仮説：季節性に合わせて商品を入れ替えるサイクルを速くして、付加価値をつけたうえで価格を上げる→単価アップという構造ではないか？

↓

④ 調査：実際にどのように打ち出しているかをネットで検索

↓

⑤ 編集：ほかの要素との関係性も可視化するために4Pフレームワークで整理

↓

⑥ 発見：商品と価格戦略が、出店戦略・広告キャンペーンとも連動していることに気づく

↓

⑦ 新仮説：今の構造をよりよいものにするために、「自分だったらどうするか？」を考えてみる

構造化のプロセスをまとめると下記の7ステップに要約することができます。

① 事実→② 問い→③ 仮説→④ 調査→⑤ 編集→⑥ 発見→⑦ 新仮説

優れたマーケターは、このような複雑な因果関係を読み解き、自分の言葉にすることを自然と行っています。

マーケティングトレースを繰り返していくと、自然と、事象を深く掘り下げて、因果関係を読み解く習慣がついてきます。

朝にニュース番組を眺めていて、この企業の売り上げが伸びているという情報や、この広告が話題性が出ているといった情報と接したときに、自然と「なぜそうなっているのか?」「マーケティングの4Pで考えるとどう整理できるのか?」を考えるようになるはずです。

この習慣が身につくと、街を歩いているだけでもマーケティング思考を磨くトレーニングになります。

また、言語化・構造化する力がつくと、経営者に自分の考えているマーケティング戦略を説明して意思決定してもらう、組織全体に戦略を伝えるときなどにも役立ちます。

ぜひ、ご自身のマーケティングの仕事を一歩前に進めるために、言語化・構造化する力を磨く意識を持って取り組んでみてください。

TOPIX　マーケティング思考はすべての人が身につけるべき

マーケティングトレースは「マーケターの筋トレ」と名づけていますが、マーケター以外の方々にも、ぜひ取り組んでもらいたいトレーニングです。

ここで質問です。

次の2つの組織では、どちらがマーケティングの成果を出しやすいでしょうか?

❶ 1人の優れたマーケターがいる組織
❷ 100人全員がマーケティング思考を持っている組織

もちろん、成果を出しやすいのは「❷ 100人全員がマーケティング思考を持っている組織」でしょう。

著者が10年近くマーケティングの世界にかかわる中で見た「最も成果が出た組織」には次のような特徴がありました。

- 誰に聞いても市場規模、競合、差別化要素、顧客課題についての考察が論理的かつ意思をこめて返ってくる
- 誰がエライとか、誰が担当とかではなく、顧客・市場に対して一番詳しい人が決める

その組織にマーケティング部はありませんでした。

マーケティングという言葉を使わなくても、全員がマーケティング思考を持っている―― つまり、全員が顧客の課題を解決することに当事者意識を持っていました。

だから、

- 戦略と実行がつながっている
- 意思決定が速い
- 仮説を検証して次のアクションにつなげる

といった、マーケティングの現場で重要だといわれていることをしっかり押さえており、その結果、成果を出せているのだと感じました。

この経験から、1人のすごいマーケターがいるよりも、全員がマーケティング思考を持っている組織を作れると、より競争力のある組織が日本に増えるのではないかと考えるようになりました。

1人1人がマーケティング思考を持つ

組織に天才マーケターが存在することはまれです。特にスタートアップや中小企業などにとって、天才マーケターを採用するのは予算上の都合だけでも簡単ではありません。

それではどうすればよいか？

まずは、組織全員がマーケティング思考を身につける方針を掲げるのがよいのではないでしょうか。

マーケターの肩書きを持っている人がいることやマーケティング部が存在することが重要なわけではありません。

重要なのは、組織にマーケティング思考が根づき、全員が市場や顧客

に価値を届ける戦略を考えられることです。

マーケターの筋トレとして提唱しているマーケティングトレースは、マーケターではない、事務職やエンジニアといった方々にこそ取り組んでいただきたいと考えています。

営業×マーケティング
デザイナー×マーケティング
エンジニア×マーケティング
総務×マーケティング

マーケティング思考を持つ専門職種は市場価値が上がります。

たとえば、自分の仕事を通じて、「どうすれば、市場と組織と顧客に価値を届けられるか?」「経営によりインパクトがある仕事は何か?」を考えられるデザイナーやエンジニアは、指示された仕事をこなすだけの人よりも価値が高いのは間違いありません。

筆者は営業職からキャリアをスタートさせましたが、営業時代にマーケティング思考を持っていればよかったと感じています。

マーケティグ戦略を考える行為は、誰か特別な人が行うものではありません。組織に属する全員が行えることが理想です。

ぜひ、マーケティングトレースを組織内で実践していただき、組織全体にマーケティング思考を根づかせるために活用してもらえたら幸いです。

次の第2章では、マーケティングトレースを実践するうえで欠かせない「フレームワーク」について解説していきます。

〈第1章のまとめ〉

❶ アイデアや戦略はゼロから生まれない。よいお手本を「模倣」して戦略の引き出しを増やそう

❷ マーケティング思考力は、「型」に従ってトレーニングを繰り返せば誰でも身につけることができる

❸「自分がCMO（最高マーケティング責任者）だったら？」という問いを持ち、思考に負荷をかけて鍛えよう

第2章

マーケティングトレースに活用するフレームワーク解説

ステップ1

トレースする
テーマ企業を決めて
概要を確認する

好き、成長性、社会性
を選定基準とする

ステップ2

PEST分析
5Forces分析
市場環境を分析する

フレームワークを活用し、
市場と競合を定義する

ステップ3

3C分析
STP分析
4P分析
戦略を分析する

フレームワークを活用し、
差別化要素、顧客、
価値の届け方を定義する

フレームワークの全体像を理解する

ステップ4

収益ドライバーを
整理する

ロジックツリーで売上・利益に
影響を与える変数を定義する

ステップ5

自分がCMOだったらの
仮説を出す

市場・顧客・組織を動かす
仮説を出す

フレームワークの全体像を理解する

「フレームワークを知っているけれど使えていない」問題

第2章ではマーケティングトレースに取り組むうえで理解しておきたいフレームワークをご紹介していきます。

すでにフレームワークを解説する書籍は、山ほど出ています。読者の皆さんの中にもフレームワークに関する書籍を読んだことがある方は多いのではないでしょうか。

各フレームワークの解説に入る前に、フレームワークの習得レベルについて整理してみます。ご自身がどの程度フレームワークを活用できているかをチェックしてみてください。

フレームワークの活用レベルは次の5段階です。

① 知っている
② 理解している
③ 戦略を考えている
④ 戦略を考え、アクションにつなげている
⑤ 戦略を考え、組織の共通言語となっている

「知っているけれど理解していない」「理解しているけれど戦略を考えるレベルには達していない」といった方も多いのではないでしょうか。筆者自身もマーケティングトレースを定期的に行うまでは、フレームワークを知っていても活用できていない状態でした。また、各フレームワークをどのように組み合わせて活用するのかを理解できていませんでした。

ぜひマーケティングトレースを実践することで、フレームワークを活用して「③ 戦略を考えている」状態を作る、また実践では「④ 戦略を考え、アクションにつなげている」「⑤ 戦略を考え、組織の共通言語となっている」状態を目指しましょう。

フレームワークは自在に使える状態にしておけると、戦略を考える思考のスピードが上がります。人は思考に制約（フレーム）があることで効率的に思考をすることができるのです。

フレームワークは限られた時間の中で、質の高いアウトプットを出すためのツールとして捉えて活用していきましょう。

それでは、マーケティングトレースで活用する基本フレームワークを解説していきます。

フレームワーク活用の全体像

基本フレームワークの役割は次のように整理することができます。マーケティングトレースでは基本フレームワークを5つ設定しています。まずはこの5つのフレームワークを完全に活用することができれば、市場を俯瞰的に捉えて戦略を考えることができるはずです。

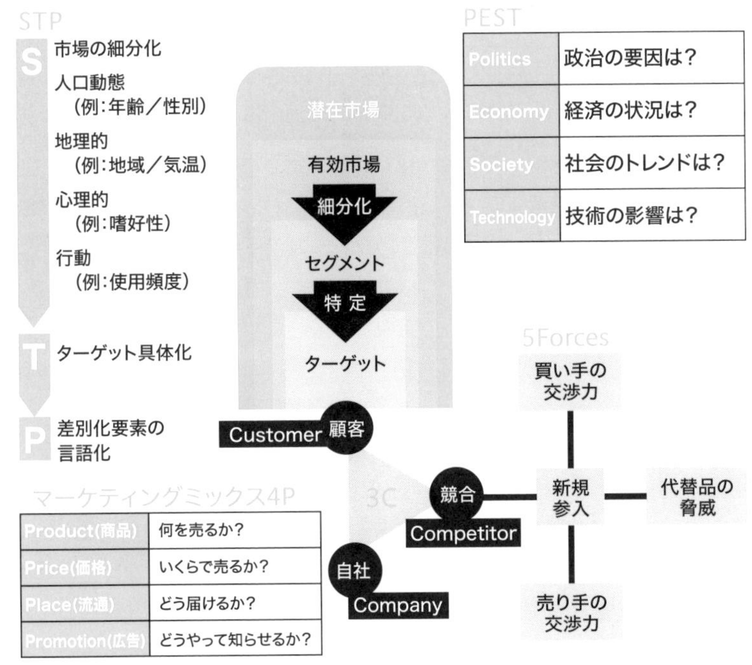

フレームワークを活用する際の注意点をお伝えします。フレームワークは単体で使うだけでは戦略を読み取ることは難しく、実践でも活用することができません。大切なのは、各フレームワークの活用目的と、フレームワーク同士のつながりを理解することです。

基本フレームワークの役割は下記のように整理することができます。

① PEST
事業に影響を与える外部要因を理解する
② 5Forces
業界構造を理解する
③ 3C
顧客・競合・自社の概要を理解する
④ STP
市場・顧客選定と独自性を理解する
⑤ 4P
顧客への価値の届け方を理解する

フレームワークの役割を理解していないと、情報を入れ込むだけで、役に立たない分析になってしまいがちです。

マーケティングトレースを繰り返し行うことで、「今はどのフレームワークを活用して戦略を考えるべきか」を自然に考えられるようになるはずです。

慣れないうちは、「何のためにこのフレームワークを活用しているのか」を自分自身に問いかけながら、身体になじませていきましょう。

俯瞰的に市場を眺める視点

マーケティングトレースの目的は、「戦略を考える力を養う」ことです。普段のマーケティングの仕事では、広告の運用やコンテンツ更新など、実作業に忙殺されやすいため、「俯瞰的な視点を持ち戦略を考えるトレーニング」として設計をしています。

そのため、普段の仕事ではなじみの薄い、PESTや5Forcesといった市場や業界の構造を分析するためのフレームワークを意識的に活用することを推奨しています。
「マーケティングトレースを通じて俯瞰的に市場を眺める」「市場・業界構造を理解したうえで自分なりにマーケティング戦略を再定義する」ためのトレーニング効果は倍増します。

最初に理念・ビジョンを確認する

すべての企業には、「実現したい構想」「成し遂げたい目標」が存在しています。

マーケティング戦略・戦術は企業の理念・ビジョンと密接にかかわってきます。下の図のようなイメージです。

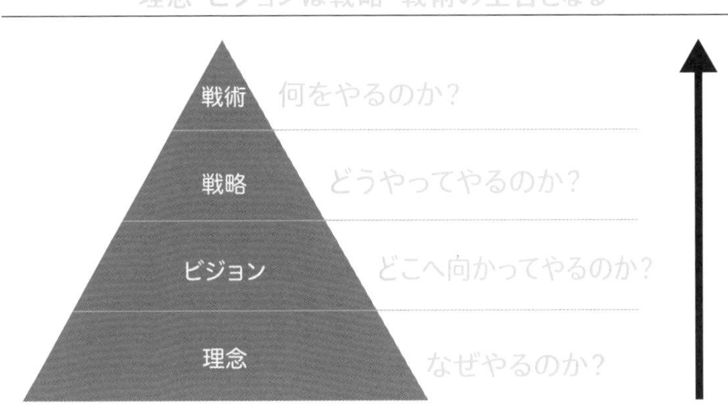

理念：普遍的な「価値観」や「考え方」
ビジョン：ありたい姿

フレームワークを活用して、成功要因のトレースをする前に、その企業が掲げている理念やビジョンを確認し、戦略や戦術とのつながりを読み解いてみましょう。

続いて、5つの主要フレームワークについて解説をしていきます。

❶ PEST分析で市場背景を理解する

PEST分析でマクロ環境を理解する

Politics 政治 政治の要因は？	Economy 経済 経済状況は？
Social 社会 社会のトレンドは？	Technology 技術 技術の影響は？

PESTとは、「Politics（政治）」「Economy（経済）」「Society（社会）」「Technology（技術）」の4つの言葉の頭文字です。

PEST分析は、マーケティングの仕事をしていても、普段は使う機会が少ないフレームワークではないでしょうか？

次の4つの視点で市場背景を理解するフレームワークです。

政治視点（Politics）
経済視点（Economy）
社会視点（Society）
技術視点（Technology）

PEST分析を行うと、わかっているつもりになっていた市場・業界構造の背景を理解し、戦略を考える視点を広げることができます。

PEST分析の活用目的

・戦略を構築するうえで前提となる世の中の動きを探る
・新しいニーズがどこで生まれるかのヒントを得る

テーマ企業を取り巻く環境を分析し、市場の背景を理解します。

市場を俯瞰的に捉えることで、戦略の方向性を広い視野で考えることを意識してみましょう。

PESTを活用したトレースのポイント

まず、テーマ企業にとって何が重要な要素かを特定します。この要素を特定する際はシンプルにマトリックスで考えましょう。

実現性が高く、事業影響度が高い要素を特定します。

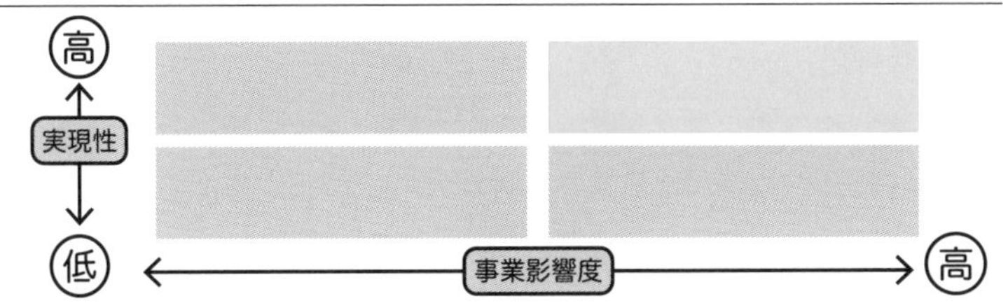

PEST分析を活用する際の問い

次のような問いを持って分析を整理すると、スムーズに分析することができます。

政治（P）

1. 政府による規制は？
2. 法律の変更は？
3. 税制変更による影響は？
4. 雇用政策の変化による影響は？
5. 輸出入環境の変化による影響は？

経済（E）

1. 景気変動による影響は？
2. 金利政策の変化による影響は？

3. 経済成長率による影響は？
4. 金融市場の変化による影響は？
5. 雇用統計の変化による影響は？

社会（S）

1. 人口動態の変化による影響は？
2. 教育環境の変化による影響は？
3. 所得の変化による影響は？
4, ライフスタイルの変化による影響は？
5. 文化による影響は？

技術（T）

1. 生産技術の変化による影響は？
2. 基盤技術の進化による影響は？
3. 特許・ライセンスなどによる影響は？
4. コミュニケーション技術の革新による影響は？

4つの視点で情報を整理したあとは、戦略との関連性について下記の問いを持って考えていきましょう。

・さらに掘り下げて調査するべき要素は何か？
・重要な外部要因は事業にどのような影響を与えそうか？
・外部要因を戦略に活かすとしたら何ができそうか？

PEST分析のまとめ

PEST分析は、事業を取り巻く外部環境を理解したうえで、戦略方向性を考えるために活用するフレームワークです。外部要因がどのように事業や業界に影響を与えているかを理解し、言語化をすることで、戦略を考える際の視野が広がるはずです。PEST分析を有効活用して市場を俯瞰的に眺めて戦略を作る力を手に入れましょう。

② 5Forces分析から業界構造を読み解く

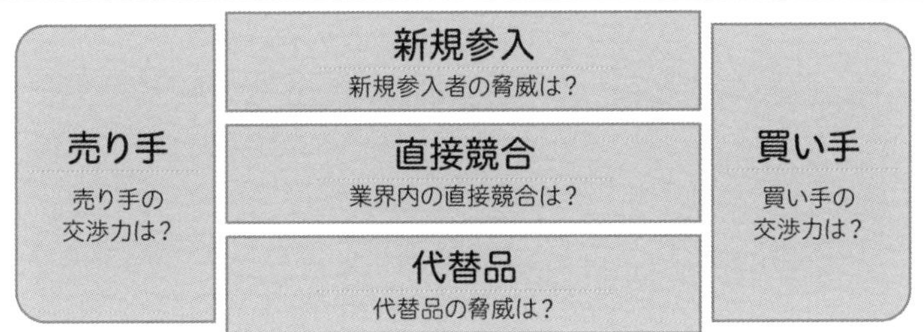

5Forces分析は業界構造を分析するときに活用するフレームワークです。競合を特定し、業界内の競争環境を読み解いていきます。

次の5つの視点で分析します。

1. 新規参入の脅威
2. 代替品の脅威
3. 業界内の直接競合
4. 買い手の交渉力
5. 売り手の交渉力

5Forces分析の活用目的

・戦略を構築するうえで業界の構造を理解する
・どこを競合とするべきかを理解する

テーマ企業をトレースするうえで、そもそも業界構造はどうなっていて、競合はどこになるのかを考えることがポイントです。

5Forcesを活用したトレースのポイント

分析のプロセスとしては、縦軸と横軸で分けて分析をするとわかりやすいです。

i）縦軸で業界のプレイヤーを分析する

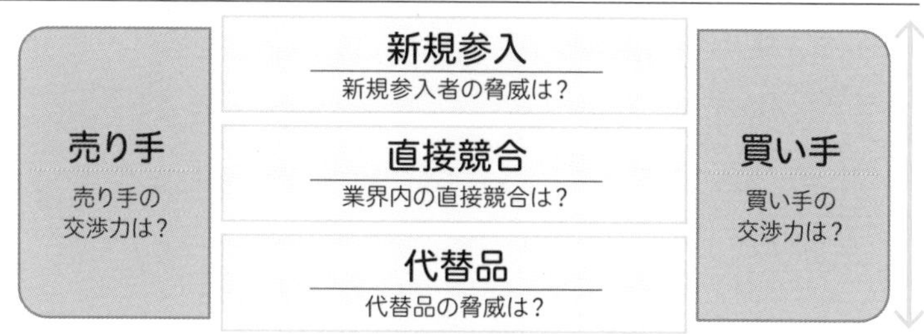

ii）横軸で利益を上げる仕組みを分析する

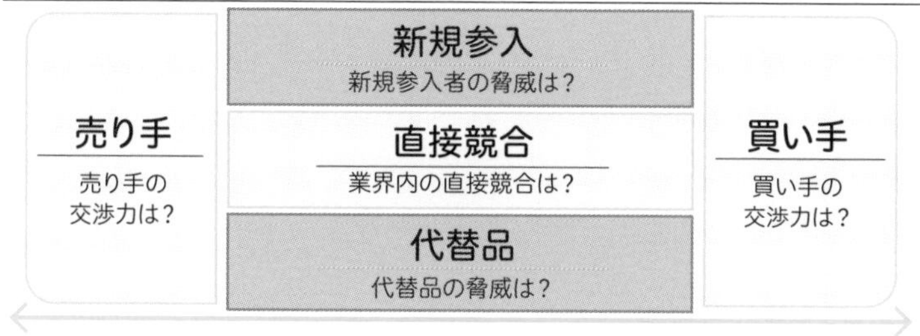

いずれも中心の「直接競合」には自社も含めて考えます。
具体的にどのように分析をしていくかを見ていきましょう。

5Foeces分析を活用する際の問い

5つの要素ごとに視点をチェックリスト形式で整理しています。

i）売り手の交渉力を考えるポイント

・仕入れ業者はどこか？
・仕入れコストの変動度合いはどれくらいか？
・仕入れ業者の独占度合いはどれくらいか？

ii）買い手の交渉力を考えるポイント

・買い手は誰か？
・買い手の価格許容度はどれくらいの範囲か？
・買い手の購買数量はどれくらいの範囲か？

iii）新規参入を考えるポイント

・新規参入障壁は高いか低いか？
・今後1〜3年で脅威になり得る競合はどこか？
・その競合にどの程度の市場シェアを取られる可能性があるか？
・その新規事業者の強みは何か？

iv）代替品を考えるポイント

・代替品の数はどれくらいあるか？
・業界の構造を大きく覆す可能性がある競合はどこか？
・その競合が参入した場合にどのようなリスクが想定されるか？

v）直接競合を考えるポイント

・現在の業界カテゴリーの中で競合はどこか？
・その競合の強み・弱みは何か？

各要素を洗い出し、横軸、縦軸それぞれの関係性を考えながら、現在の業界構造を整理していきます。

最後に全体像を捉えながら次の問いを持って分析を深めます。

・横軸を見るときの問い……業界構造を踏まえたうえで儲けるためのカギはどこか？
・縦軸を見るときの問い……競合をどこと捉えるべきか？

5Forces分析のまとめ

5Forces分析は、業界構造を理解したうえで、どのような戦略をとると自社が優位なポジショニングを築くことができるかを考えるフレームワークです。

PEST分析と合わせて活用することで、業界の前提となっているルールや慣習を理解し、戦略の視点を広げていくことが理想です。

③ 3C分析で戦略土台を整理する

3Cとは、「Customer（市場・顧客）」「Competitor（競合）」「Company（自社）」の3つの頭文字です。

3C分析を活用する目的

- 顧客／競合／自社という3つの視点で情報を整理し、分析することで、マーケティング戦略の土台を整理する
- 具体的なターゲット選定やマーケティング施策を考える前段階に活用して、戦略の土台を確認する

3Cを活用したトレースのポイント

まず、3つの各要素ごとに、情報を整理していきます。

情報を整理する際は、次の2つに注意をしましょう。

- 事実情報として記載するもの
- 仮説として記載するもの

この2つを分けて記載するようにしましょう。

事実と仮説を分けて記載することで、戦略を深掘りしやすくなります。

顧客（Customer）を見る視点

① 顧客セグメント、中心となるターゲットを書き出す
② 顧客のニーズやウォンツ・抱えている課題を書き出す

自社（Company）を見る視点

① 自社が保有する経営資源を書き出す
② 自社の強み・弱みを書き出す

競合（Competitor）を見る視点

① 業界内の競合の、経営資源・強み・弱みを書き出す
② 新規参入者・代替品となり得る競合の経営資源・強み・弱みを書き出す

3C分析で情報を集める際のポイントは次の通りです。

① 可能であれば定量的な情報を入れ込む

現状の市場規模・シェアや売上・利益比較など、定量的な情報を付け加えます。

② 鳥の目と虫の目の視点を往復する

「鳥の目＝市場を俯瞰的に眺める視点」と、「虫の目＝顧客や競合の細かい部分に踏み込んで眺める視点」を使い分けましょう。

3C分析の仮説を出す視点

3C分析を活用して仮説を出す際は、各要素の関係性に注目してみましょう。

また、3C分析を活用する際の問いは次の3つです。

① 自社⟷顧客：自社が顧客に提供している価値は何か？
② 自社⟷競合：自社が競合よりも優位性を発揮している点は何か？
③ 顧客⟷競合：顧客が競合を選んでいる理由は何か？

3C分析のまとめ

3C分析は戦略土台を整理するためのフレームワークです。各要素の関係性を読み解きながら、戦略成功要因に関する仮説を理解するようにしましょう。

マーケティングトレースで3C分析を行う場合は、情報の正確性（事実情報）にこだわりすぎると手が止まってしまいます。

まずは、思いつく範囲で3つの要素それぞれの情報を入れ込み、各要素の関係性を考えながら仮説を出すようにしましょう。

❹ STP分析で価値を届ける顧客を決める

STP分析のイメージ

セグメンテーション	ターゲティング	ポジショニング
どのように 市場を分けて	どの顧客層に アプローチして	その顧客にどう 想起して もらうか？

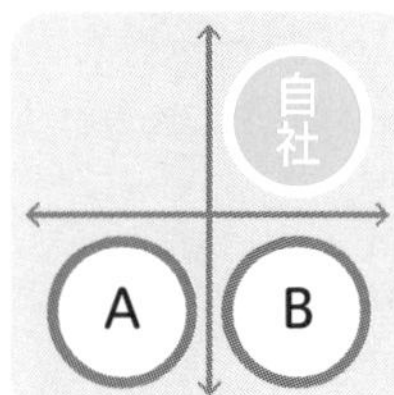

STPマーケティング戦略の土台を整えるために重要なフレームワークです。

STP分析を活用する目的

・価値を届けるターゲットを定めて、ほかのブランドとの違い（差別化要素）やブランドイメージを特定する
・マーケティング戦略の全体像の土台を作る

具体的に解説していきます。
STPの考え方を整理すると下記の3つの要素となります。

❶ セグメンテーション（Segmentation）
……どのように市場を分けるか？
❷ ターゲティング（Targeting）……どの顧客層にアプローチするか？
❸ ポジショニング（Positioning）
……メイン顧客にどうイメージしてもらうか？

STPを活用したトレースのポイント

STP分析を行うときは次の3つの基本プロセスを押さえましょう。

❶ セグメンテーション：市場を分ける

最初にセグメンテーションを考えます。
基本的には、下記4つの要素で市場を区切ります。

セグメンテーションの軸

人口動態 年齢／性別	地理的特性 地域／気温
心理的特性 嗜好性	行動特性 使用頻度

〈セグメンテーションのプロセス〉

・上記4つの要素のうち、どの要素で市場を分けるかを決める
・マトリックス（4象限）で整理してみる
・4象限それぞれのターゲットイメージを書き出す

余裕があれば、対象市場の規模がどれくらいあるかを調べてみてください。定量と定性情報の両方にあたりながら、市場を解像度高く分析してみましょう。

❷ ターゲティング：メイン顧客を決める

セグメンテーションで市場を分けたあとに、どの顧客層をメインターゲットとするかを考えていきます。

このときに、ターゲットが本当にふさわしいのかをチェックします。「6R」というコトラー教授が提唱している考え方があるので活用していきましょう。

6R	問い
(1)市場規模(Realistic Scale)	市場規模は十分にあるか？
(2)成長性(Rate of Growth)	市場の成長性は高いか？
(3)競合状況(Rival)	競合関係はプラスに働くか？
(4)優先順位(Rank)	他のカテゴリーと比較し優先順位は高いか？
(5)到達可能性(Reach)	そのカテゴリーにサービス提供は可能か？
(6)反応の測定可能性(Response)	反応の効果測定は可能か？

テーマ企業の現状のターゲットを考えたら、6Rの項目をイメージしながら「本当にこのターゲットがふさわしいのか？」をチェックするようにしましょう。

❸ ポジショニングマップ：自社の優位性を表現する

最後にポジショニングマップを作成します。

ポジショニングマップを描く

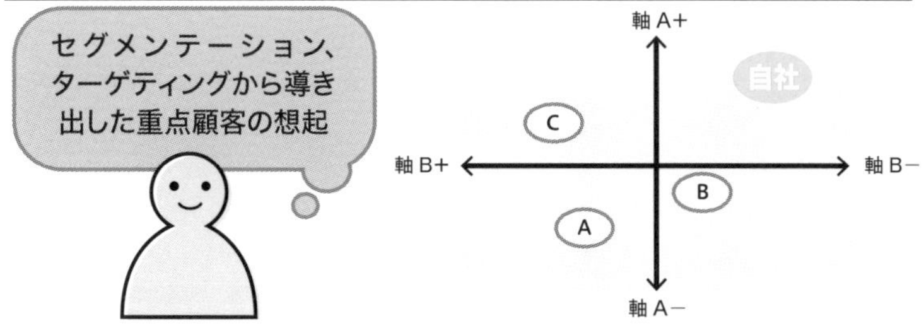

ポジショニングマップは次の要素を押さえたものを作成しましょう。

〈軸をチェックするポイント〉

・ターゲットとした顧客の想起イメージとなっているか？
・自社の独自性を表現することができているか？
・競合との差別化が表現されているか？

〈ポジショニングマップ作成の手順〉

・ターゲット顧客が求めているニーズやウォンツをキーワードで書き出す
・そのキーワードを使ってマトリックス（4象限）で整理する
・その4象限の中に、自社と競合をマッピングする
・差別化が表現できているかを確認する

ポジショニングマップは、マーケティング戦略の土台となります。このポジショニングが定められていない、つまり土台が定まっていない中で、次に紹介する4P分析を行っても戦略がブレてしまうため注意が必要です。

STP分析のまとめ

STP分析はマーケティング戦略の土台を作るフレームワークです。ポジショニングが定まっていない中で、とりあえず広告に投資をしたり、価格を変更してみても売れません。逆に売れているブランドは、差別化要素が明確で、独自のポジショニングをとっています。STP分析をマスターし、

ブレないマーケティング戦略を作っていきましょう。

❺ 4P分析で価値の届け方を決める

4P分析で価値を届ける要素を組み合わせる

Product 商品 何を売るか？	Price 価格 いくらで売るか？
Place 流通 どう届けるか？	Promotion 広告 どうやって知らせるか？

4P分析は、企業が顧客に対して「価値」をどのように届けるのかを考える際に活用するフレームワークです。

次の4つの要素で構成されています。

❶ 商品（Product）
❷ 価格（Price）
❸ 流通（Place）
❹ 広告（Promotion）

❶ 4P分析の活用目的

・STP分析から導き出した主要ターゲットやポジショニングに基づいて、顧客にどのように価値を届けるかを考える
・マーケティング施策の基本要素に抜け漏れがないかを確認する
・マーケティング施策の各要素が連動しているかを確認する

筆者は、STP分析と4P分析はセットで考えることを推奨しています。

STPから導き出した理想のポジションを取るために、顧客とどのようなコミュニケーションをとり（Promotion）、どのような店舗・物流設計をし（Place）、価格をいくらにするか（Price）など、具体的な施策を詰めていきます。

❷ 4P分析をトレースに活用する視点

4Pの各要素を分析する際に、考えるポイントを解説していきます。

まずは、テーマ企業が4つの要素を通じて、どのように顧客に価値を届けているかを理解します。

商品（Product）を読み解く視点

・商品／サービスの価値は何か？
・商品／サービスの競合と比較したときの特徴は何か？

価格（Price）を読み解く視点

・価格の特徴は何か？
・価格の裏側にある原価率・販管費比率はどれくらいか？
・価格は競合と比較してどのような優位性があるか？
・価格は顧客が許容できる金額か？

流通（Place）を読み解く視点

・流通経路の特徴は何か？
・流通経路の競合との違いは何か？

広告（Promotion）を読み解く視点

・認知を広げるために活用している主要メディアは何か？
・広告の主要メッセージ・コンテンツは何か？
・広告の投資額はどれくらいか？

4Pの各要素は、ビジネスモデルによって優先順位が異なることがポイントです。

まずは、4Pの各要素を特定したあとに、何がテーマ企業の成功なのかを考えます。

4P分析のまとめ

4P分析は、テーマ企業がどのように価値を届けているのかを理解するフレームワークです。テーマ企業のマーケティング戦略にとって重要な要素を特定して、成功要因に関する仮説を考えてみましょう。さらに、自分であればマーケティングミックスをどのように組み直すかを考えてみるという思考を意識してみましょう。

以上、PEST分析、5Forces分析、3C分析、STP分析、4P分析とマーケティングトレースで活用する5つのフレームワークをご紹介してきました。

そもそもフレームワークを使えていないことに気づいたり、わかっているつもりになっていたマーケティング戦略の意外な点に気づいたり、もう少し掘り下げて考えていきたいと感じる部分が出てくると思います。

このフレームワークを活用しながら言語化・構造化するトレーニングを続けることで、フレームワークの活用レベルを上げるとともに、自分なりの課題発見・仮説立案などを行う思考の型を作っていきましょう。

フレームワークに入れ込む情報をどこから調べるとよいのか？

「各フレームワークに入れ込む情報をどこから調査するとよいのか?」というご質問をいただくことが多いため、各フレームワークと、どこから調査をするのかをまとめた表を右ページにご紹介します。フレームワークと調べ方の全体像をつかむためにご活用ください。

- マーケティングトレースのフレームワークとリサーチ参考例
  - ① 企業概要を整理
    - フレームワーク
      - 基本項目整理
        - 理念・ビジョン
        - 売り上げ
        - 粗利
        - 資本金
        - 代表取締役社長
        - 沿革
        - 従業員数
        - 拠点数
    - リサーチ元
      - 会社概要ページを調べる — Webサイトの企業概要ページ
      - 採用ページを調べる — 企業名×採用
      - IRページを調べる — ※上場企業の場合
      - 決算公告 — ※上場企業の場合
  - ② 市場と競合を定義
    - フレームワーク
      - ❶ PEST
        - 政治要因
        - 経済要因
        - 社会要因
        - 技術要因
      - ❷ 5Forces
        - 新規参入の脅威
        - 業界内の競争
        - 代替品の脅威
        - 買い手の交渉力
        - 売り手の交渉力
    - リサーチ元
      - 矢野経済研究所
      - 帝国データバンク
      - 経済産業省
      - Googleトレンド
      - Newspicks
      - 日経新聞
      - 博報堂生活総合研究所
      - TechCrunch
  - ③ 戦略整理
    - フレームワーク
      - ❸ STP
        - セグメンテーション
        - ターゲティング
        - ポジショニング
      - ❹ 3C
        - 顧客
        - 競合
        - 自社
      - ❺ 4P
        - 商品
        - 価格
        - 流通
        - 広告
    - リサーチ元
      - 検索
        - 検索画面
          - 会社名で検索したときの結果
        - Webサイト
          - 商品/ブランドページ
          - 価格ページ
          - グローバルナビ
          - 特徴あるキャンペーン
          - 特徴あるコンテンツ
        - SNS
          - 自社SNSアカウントでの発信
          - ブランド名周辺での口コミ
        - 広告
          - 過去の出稿広告
        - プレスリリース
          - PR Times
          - 会社/サービス名×プレスリリース

最低限押さえたい２つのフレームワーク

5つの基本フレームワークをお伝えしましたが、まず押さえておきたい基本的なフレームワークはSTPと4P分析の2つです。

誰に対して、どのように価値を届けて、その結果、競合との差別化をどのように図るのかを可視化する際は、この2つのフレームワークをつなげて考えます。

STPと4Pの2つのフレームワークを活用すると、誰に対して、どのように価値を届けて、その結果、競合との差別化をどのように図るのかを整理することができます。マーケティング戦略を考える際も、マーケティングトレースを実践する際も、この2つのフレームワークは頭の中に描けている状態を目指しましょう。

「STP+4P」の全体像

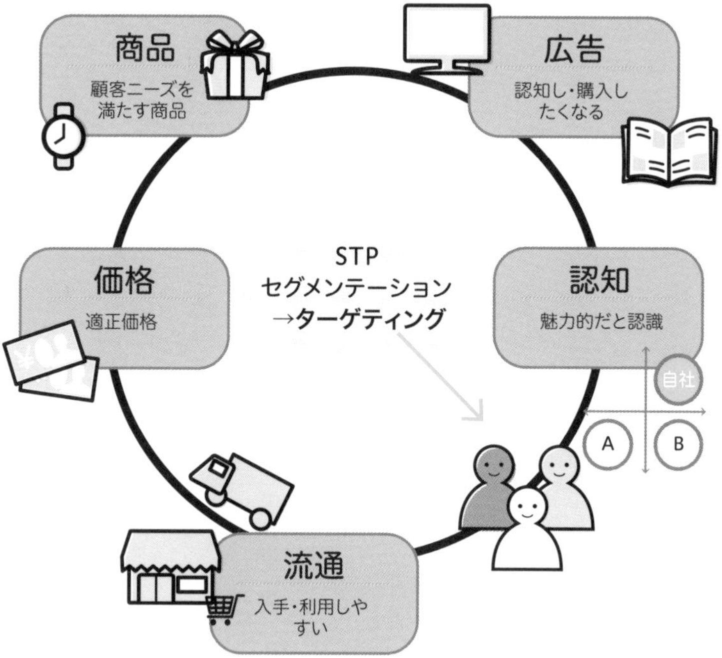

商品
顧客ニーズを満たす商品

広告
認知し・購入したくなる

価格
適正価格

STP
セグメンテーション
→ターゲティング

認知
魅力的だと認識

自社
A
B

流通
入手・利用しやすい

収益ドライバーを整理する

マーケティングトレースをする際は、この組織のマーケティング組織や経営層はどのような目標数値を持って仕事をしているのかを想像して取り組むようにしましょう。

そのために、収益ドライバーをロジックツリーの形で整理することを推奨しています。

収益ドライバー：経営にインパクトを与える構造を理解

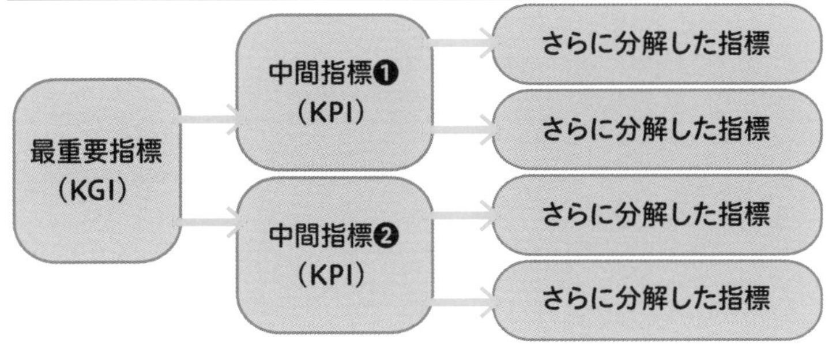

収益ドライバーを考えるプロセス

収益ドライバーを考えるプロセスは次の2つです。

① 収益に関連する要素を分解する
② 主要指標を特定する

マーケティング思考力を鍛えるためには、定量と定性の両視点で考えることが大切です。定量視点では、収益ドライバーから導き出した指標に変化を与える打ち手を出すことを意識していきましょう。

もし自分がCMOだったら?

マーケティングトレースでは、「自分がCMOだったらどのような打ち手を考えるか?」という仮説アイデアを出すことを大切にしています。

しかし、いきなり「CMOの視点から仮説アイデアを出そう」と言われても難しいと思います。

そこで誰でも仮説を出せるシートを用意したので、初めて取り組む方は、このシートをもとに自分なりの仮説をまとめてみてください。

「もし自分がCMOだったら?」シート

視点	CMO 視点でトレースしたことから導き出した考えを記載
あなたが考える打ち手は何か?	
競合と比較したときの差別化ポイントは何か?	
ターゲットは誰で、その人のどんな課題を解決するのか?	
マーケティングミックスで工夫する点は何か?	
収益インパクトはどれくらい出せそうか?	

フレームワークを活用した強制発想方法

自分がCMOだったらのアイデアを考える際に推奨しているフレームワークの活用方法があります。フレームワークを活用して強制的に発想します。

ここでは4P分析を例に解説します。4P分析の4要素に、比較対象として今までトレースした企業の要素を並べます。

「ほかの成功企業のマーケティング構造を参考・模倣して、テーマ企業のマーケティング戦略を進化させることはできないか?」という問いをもとに考えていきます。

4P分析（強制模倣発想）

4P 分析	テーマ企業	企業A	企業B
商品	←	模倣	
価格	←		模倣
流通	←	模倣	
広告	←		模倣

マーケティングトレースを繰り返していると、複数の企業のマーケティング戦略が脳内に蓄積されます。このトレースの蓄積を組み合わせながら自分独自のアイデアに変えていきましょう。

4P分析（強制模倣発想）

4P 分析	自社	3年後	10年後
商品			
価格			
流通	→	3年後の流通構造はどのように変わる可能性があるか？	→ 10年後の流通構造はどのように変わる可能性があるか？
広告			

マーケティングトレースで意識したい「再定義」する視点

フレームワークを活用して企業の分析をする際に、「そもそも」という言葉を口癖にしてみてください。

- そもそも市場・業界構造はどうなっているのか？
- そもそも競合はどこか？
- そもそも顧客は誰か？
- そもそも企業が提供している価値は何か？
- そもそも優位性は何か？

マーケティングの実務においても「そもそも?」を口グセにすると、発見が多いはずです。たとえば、インターネット広告の成果が出なくなってきたときに、広告の運用を細かく見直すことは当然大切です。しかし、大前提である戦略が間違っている可能性があります。

・そもそも顧客の定義が間違っているのではないか？
・そもそも顧客に提供している価値の定義から見直しが必要ではないか？
・いつもベンチマークしている競合とは違う会社を分析するとよいのではないか？

このような問いを立てられると打ち手の幅が広がります。成果に行き詰まったときは、マーケティングトレースで鍛えた「"そもそも"と問い再定義する力」を活用してみてください。

再定義＝自分だったらどうするかを考える

4P分析	現状 →	自分だったらどうするか?
商品		
価格		
流通		
広告		

〈第2章のまとめ〉

1. フレームワークは知っているだけでは意味がない。身体になじむまで使い込もう

2. 5つの基本フレームワーク（PEST、5Forces、3C、STP、4P）をマスターすれば戦略は考えられるようになる

3. 「自分だったらどうするか？」「そもそも合っているのか？」──この2つの問いを持つことでマーケティング思考に深みが出る

第3章

マーケティングトレースの事例集

トレースする
テーマ企業を決めて
概要を確認する

好き、成長性、社会性
を選定基準とする

→ ステップ2

PEST分析
5Forces分析
市場環境を分析する

フレームワークを活用し、
市場と競合を定義する

→ ステップ3

3C分析
STP分析
4P分析
戦略を分析する

フレームワークを活用し、
差別化要素、顧客、
価値の届け方を定義する

事例を通じてマーケティングトレースのイメージをつかむ

ステップ4

収益ドライバーを
整理する

ロジックツリーで売上・利益に
影響を与える変数を定義する

→ ステップ5

自分がCMOだったらの
仮説を出す

市場・顧客・組織を動かす
仮説を出す

事例を通じてマーケティングトレースのイメージをつかむ

マーケティングトレースを実践しよう！

この章では、マーケティングトレースの実践事例をご紹介します。

事例04〜10の7つはコミュニティメンバーと一緒に作成したマーケティングトレースです。

ほかのマーケターがどのような視点で企業を分析しているのかを参考にしながら、ご自身でマーケティングトレースを実践するためのイメージを深めていただければと思います。

章の終わりには書き込み式のシートを収録したので、ご自身でお題を探して、マーケティングトレースにチャレンジしてみてください。

読み進めていただく前の注意点

マーケティングトレースは完璧な分析を披露する場ではありません。「マーケターの筋トレ＝思考力を鍛えるためのトレーニング」です。

正しさを追求するより、分析の視点を共有することから学びを得ることを目的としています。

ここからご紹介する事例も、完璧な分析ではないかもしれませんが、新たな発見がきっとあるはずです。

皆さんも「自分がCMOだったらどう考えるか？」の視点を持って読んでいただけたら幸いです。

事例

01 お菓子のスタートアップ「BAKE」のマーケティングトレース

02 2年で10倍の市場規模を作った
「Bリーグ」のマーケティングトレース

03 経済情報プラットフォームSPEEDAの
マーケティングトレース

04 2019年ヒット商品1位！
ワークマンのマーケティングトレース

05 やさしいインターネット空間を作り成長する
「note」のマーケティングトレース

06 名古屋発！　急拡大を続ける「コメダ珈琲」の
マーケティングトレース

07 大阪を代表するお菓子メーカー、グリコの
マーケティングトレース

08 音声メディアスタートアップRadiotalkの
マーケティングトレース

09 ○○広告活用のおかげで大ヒットした本麒麟の
マーケティングトレース

10 時代に先駆けジャイアントキリングを果たした
ワンキャリアのマーケティングトレース

01 お菓子のスタートアップBAKEのマーケティングトレース

お菓子のスタートアップと比喩されるBAKE。首都圏の駅ナカで行列ができている姿を見かけたり、自分のご褒美として購入したことがある方もいらっしゃるのではないでしょうか。

BAKEは消費者視点ではなく企業視点で見たときに、急成長をしており、優れた事業展開をしています。BAKEの成長の裏側にあるマーケティング戦略を読み解いていきます。

マーケティングトレース担当：黒澤友貴
活用フレームワーク（PEST、5Forces、3C、STP、4P）

BAKEの基本情報（2019年1月時点）

BAKEの#マーケティングトレース基本情報

会社名	株式会社BAKE
業界	製菓
代表取締役	門田 浩
ビジョン・理念	「お菓子を進化させる」日本を代表する製菓企業を作る
売上／営業利益	非公開だが官報より第4期は売上90億円と確認
従業員数	1300名（アルバイト含む） ※2019年6月末
トレース目的	お菓子のスタートアップとして急速に拡大するユニークなマーケティング戦略を読み解く。魅力的なブランドを育てる仕組みについて学ぶ

マーケティングトレース参考URL

株式会社BAKE Inc.
https://bake-jp.com/

「A/Bテストでレシピを作る！　BAKEがお菓子のスタートアップたる秘密とは？」（FASTGROW）

https://www.fastgrow.jp/articles/bake-nishio

「創業3年で売上37億円を達成"洋菓子のスタートアップ"株式会社BAKEは北海道から世界を目指す」（グローバルビジネスジャーナル）

https://gb-journal.com/report/bake-report/

BAKEの概要

BAKEは普通のお菓子屋ではありません。
それは、売上の成長角度を見れば一目瞭然です。
なんと、4期で売上規模は1億円→90億円に成長しています。

BAKEの事業成長

第1期　1億円

第4期　90億円

お菓子のスタートアップと自社を喩えているBAKE。

BAKEの組織文化は「スタートアップ」で将来的なIPOを目指して組織やビジネスモデルが作られている。まずここは押さえたいところです。

成長のポイント

・スタートアップ文化＝急激な成長を前提として事業を構築している
〈例〉投資……毎年1ブランド → 20～30店舗展開を目指す
〈例〉採用……毎年50～100人規模を増員する

マーケティングトレースをすると、BAKEは一般的なお菓子屋とは異なる戦略をとっていることがわかります。

PEST分析

まず、BAKEの属する菓子市場のマクロ環境の分析を行います。

PEST分析から、BAKEを取り巻く市場環境がどのようになっているかを読み解いていきます。

市場環境分析（PEST分析）

Politics 政治

・経済産業省が「デザイン経営」を推進
・革新的な事業を生み出すためにJ-Startupをスタート
→日本でもスタートアップ企業の増加を目指す動き

Economy 経済

・2017年度の和洋菓子・デザート類の市場規模は、前年度並みの2兆2761円で推移
・チーズ、バター、キャラメルなど、特定の素材に特化したスイーツのブランドが増加
※矢野経済研究所の調査より

Society 社会

・SNSが若者の主要コミュニケーションチャネルに変化
・UGCがマーケティングにおいてキーワードになっている
・シェアを前提とした消費行動「SAUSE」が提唱されている　※三菱総合研究所
→SNSにフィットしたブランドづくりが若者向けのプロモーションではカギに

Technology 技術

【デジタルマーケティング】
アプリやSNSなど顧客コミュニケーション領域も技術により変化が生まれている

【製造技術】
冷凍技術、オーブン技術などの発展により、店舗・工場の設計に自由度が増している

PEST分析からの考察

業界の常識ではなく、市場や顧客が求めていることを優先して事業を作ってきています。BAKEは「市場トレンドを先読みして適応してきたブランド」といえます。

5Forces分析

続いてBAKEを取り巻く業界の構造を5Forces分析から読み解き、BAKEが業界内でどのような位置にいるのかを読み解いていきます。

5Forces分析：業界構造の理解

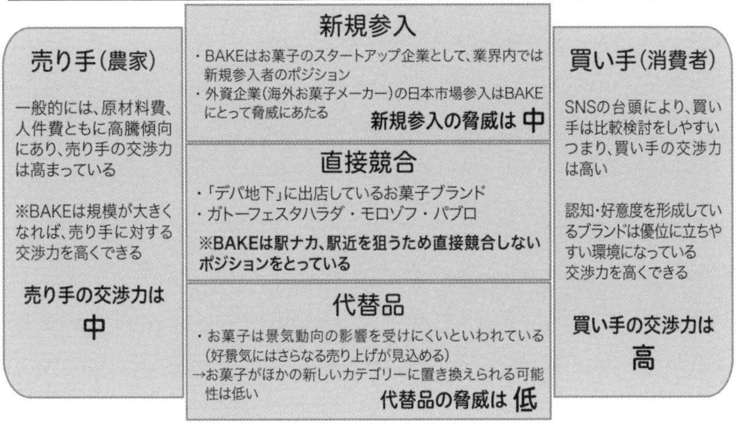

売り手(農家)

一般的には、原材料費、人件費ともに高騰傾向にあり、売り手の交渉力は高まっている

※BAKEは規模が大きくなれば、売り手に対する交渉力を高くできる

売り手の交渉力は 中

新規参入

・BAKEはお菓子のスタートアップ企業として、業界内では新規参入者のポジション
・外資企業(海外お菓子メーカー)の日本市場参入はBAKEにとって脅威にあたる

新規参入の脅威は 中

直接競合

・「デパ地下」に出店しているお菓子ブランド
・ガトーフェスタハラダ・モロゾフ・パブロ

※BAKEは駅ナカ、駅近を狙うため直接競合しないポジションをとっている

代替品

・お菓子は景気動向の影響を受けにくいといわれている(好景気にはさらなる売り上げが見込める)
→お菓子がほかの新しいカテゴリーに置き換えられる可能性は低い

代替品の脅威は 低

買い手(消費者)

SNSの台頭により、買い手は比較検討をしやすいつまり、買い手の交渉力は高い

認知・好意度を形成しているブランドは優位に立ちやすい環境になっている交渉力を高くできる

買い手の交渉力は 高

5Forces分析からの考察

・BAKEは歴史あるお菓子メーカーとは真っ向勝負しない新規参入者
・百貨店に入っているお菓子やコンビニスイーツなどの競合とは違う価値を提供できると市場シェアを獲得できる可能性は高い

3C分析

3C分析でBAKEの戦略の基本構造を整理します。

3C分析：戦略の基本方針を作る

Customer(顧客)

20代前半の女性がコア顧客
自分へのご褒美としておしゃれなお菓子を消費したいというウォンツ

BAKEは顧客のウォンツに応える

Company(自社)

特徴❶ お菓子のスタートアップという革新的なことをしかける文化
特徴❷ パティシエに依存しない体質
特徴❸ 工房一体型店舗で「焼きたて」チーズタルトを提供

既存のお菓子メーカーとは異なるバリューチェーン

Competitor(競合)

お菓子カテゴリー ・百貨店スイーツ ・コンビニスイーツ
周辺カテゴリー(自分へのご褒美) ・カフェ(スタバ) ・タピオカミルクティ

駅ナカというチャネルにおいて競合とは重なりづらい

BAKEの顧客特徴

20代前半の女性がコアユーザーであり、自分のご褒美としての消費をするウォンツがあると推測。

BAKEの優位性に関する仮説

既存のお菓子メーカーとは異なるバリューチェーンを持っている。
※4P分析のところで詳細に説明します。

BAKEの競合に関する仮説

百貨店スイーツ、コンビニスイーツが菓子カテゴリーでは直接競合にあたる。

カテゴリーは異なるが、カフェやタピオカミルクティなども「顧客が求める自分のご褒美」という意味では競合にあたると考えられます。

STP分析

続いて、STP分析でマーケティングの基本戦略を整理します。

STP分析：マーケティング基本戦略

Segmentation(市場を分ける)

人口動態▶20代前半の女性
地域性▶首都圏、地方もターミナル駅が主体
嗜好性▶「自分へのご褒美」として消費する
行動特性▶SNSで購入する商品やブランドと接点を持つことが多い
気に入ったブランドは「リピート」する傾向が強い

Targeting(コアターゲット決定)

▼嗜好性を軸にターゲットを具体化する
・百貨店スイーツほど背伸びをしたくない
・自分へのご褒美として消費をしたい(コンビニスイーツよりもぜいたくをしたい)
・駅ナカで友だちとの遊びやデートのあとに気軽に購入したい

Persona(顧客イメージを具体化)

試験勉強が終わり、友だちとリフレッシュもかねて池袋で遊んでいる
帰り際に「自分へのご褒美」として
何か購入したい……
と考えている中で、SNSで以前に接点を持っていたBAKEの存在を思い出す
iPhoneで場所を検索して、友だちと2人でBAKEのチーズタルト2つ(400円)を購入して、帰り際に食べる

Positioning(差別化ポイントを表現)

BAKEはちょっとした「自分へのご褒美」というポジションを築いている

日常の中のご褒美として成り立つ条件
①おいしい(素材へのこだわり)
②ちょっとしたぜいたく価値→少し背伸びすることで購入できる価格
③本格的な店舗 → 工房一体型

ポジショニングマップでBAKEの独自性を表現すると次の通りとなります。

BAKEのポジショニングマップ

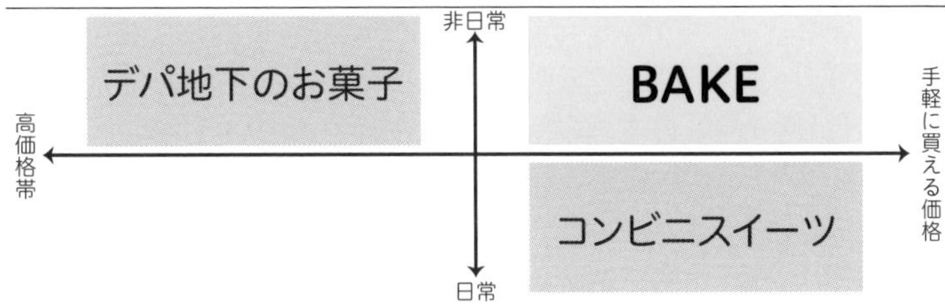

STP分析のポイント

BAKEは、20代前半の女性に対して「非日常体験として、ちょっとした自分へのご褒美」というポジションを築いています。

今までの高級洋菓子店とも異なり、かつ、お手軽な洋菓子（コンビニスイーツ）とも一線を画していることがわかります。

マーケティングミックス（4P分析）

BAKEが「20代前半の女性に対して“ちょっとした自分へのご褒美”というポジションを築く」ためにどのようなマーケティングミックスを構成しているのかを読み解いていきます。

マーケティングミックス（4P分析）

Product（商品）

素材とデザインの両面にこだわりのあるチーズタルト
※チーズタルト以外にも8ブランドを展開
※8ブランドの根底にある思想やビジネスモデルはすべて同じ

Price（価格）

200円／1個
顧客視点で若者が自分へのご褒美として購入できる価格設定
※BAKE以外のブランドラインにおいても同様の価格帯

Place（流通）

仕入れ：素材にこだわる
売り場：駅ナカ・駅近の工房一体型店舗
仕組み：パティシエに依存しないでこだわりのお菓子を作る仕組み
※データをもとにバリューチェーン全体を最適化
BAKEの強み（差別化要素）はPlace（流通）の仕組み
お菓子のスタートアップという文化も影響している

Promotion（広告）

SNSがブランドストーリーを伝えるための主要チャネル

【ストーリー伝達ポイント】
商品の背後にあるストーリー＋五感に訴えかける演出

01.商品（Product）

素材とデザイン両面にこだわりのあるチーズタルト

02.価格（Price）

200円/1個＝顧客視点で若者が自分へのご褒美に購入できる価格設定

03.流通（Place）

データをもとにバリューチェーン全体を最適化

・仕入れ……素材にこだわる
・売り場……駅ナカ・駅近の工房一体型店舗
・仕組み……パティシエに依存しないでこだわりのお菓子を作る仕組み

04.広告（Promotion）

商品の背後にあるストーリー＋五感に訴えかける演出

上記のような計算し尽くされたマーケティングミックスから、独自のポジショニングをとっていることがわかります。

ポイント

・素材にこだわり、焼きたてチーズタルトの価値を高める
・データ（テクノロジー）をフル活用しパティシエ依存からの脱却
・駅ナカや駅近に工房一体型で店舗を構えるチャネル戦略
・1個200円でターゲット層が購入しやすい価格設定

BAKEの組織構造・文化

BAKEの組織構造・文化として注目したいのは、データをもとに改善を繰り返すテクノロジー企業の考え方を持っていることです。

A/Bテストでレシピを作ることで、改善スピードを高速化しているようです。デジタルマーケティングの世界感がお菓子の世界で再現されているというユニークな組織特徴があります。

既存の洋菓子ブランドがパティシエの存在をメインで考えるのに対して、BAKEはブランドとテクノロジーの力で消費者に独自の価値を提供してい

ることがわかります。

さらに、BAKEのブランド構造にも注目です。

BAKEは複数ブランドを展開しており、チーズケーキ以外にもアップルパイ（RINGO）やバターサンド（プレスバターサンド）などのブランドも展開しています。

BAKEのブランド別の特徴（2019年11月時点）

ブランド	カテゴリー	商品コンセプト	ターゲット	価格	チャネル	店舗数
BAKE	チーズタルト	記憶に残る、ひとくち	若者中心 自分へのご褒美	200円／1個	インスタグラム 約3万2000 フォロワー	日本29 海外16
RINGO	アップルパイ	ひとくち、とろり、心を動かす、ご褒美時間。	若者中心 自分へのご褒美	399円／1個	インスタグラム 約2万8000 フォロワー	日本13 海外 3
CROQUANTCHOU ZAKUZAKU	シュークリーム	焼きたてフレッシュなおいしさを目の前で。	若者中心 自分へのご褒美	250円／1個	インスタグラム 約1万2000 フォロワー	日本 5 海外26
POGG	スイートポテトパイ	わがままを、三角で、一つに。	若者中心 自分へのご褒美	298円／1個	インスタグラム 約8000 フォロワー	日本 4
PRESS BUTTER SAND	バターサンド ※お土産屋業態	まっすぐ作る、まっすぐ伝える。	お土産目的	170円／1個	インスタグラム 約5万7000 フォロワー	日本13
Chocolaphili	ガトーショコラ	すべてが溶けるその瞬間まで	若者中心 自分へのご褒美	280円／1個	インスタグラム 約1万4000 フォロワー	日本 2

＊筆者がインターネット上の情報をもとに作成

BAKEブランドの共通点

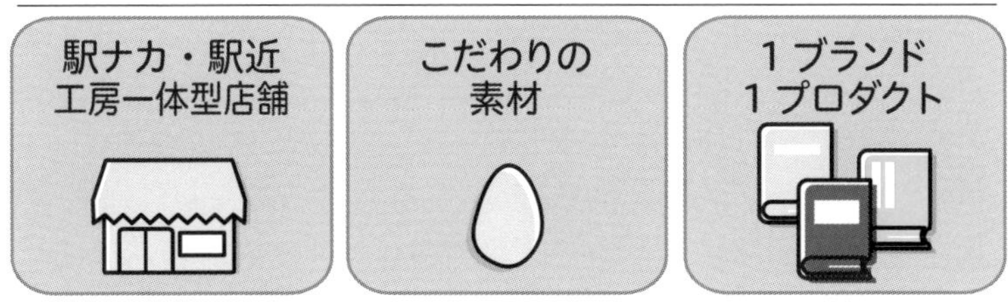

展開するブランドは、❶工房一体型店舗、❷こだわりの素材、❸1ブランド1プロダクトという共通した特徴を持っており、組織として勝ちパターンを横展開し、データの力で再現性のある経営をしていることがわかります。

筆者が訪れたルミネエスト新宿店。
BAKEチーズタルトの隣にスイートポテトパイPOGGのお店をかまえている。どちらもBAKEブランドである。

BAKEの収益ドライバー

BAKEの収益ドライバーを整理すると、シンプルに1店舗あたりの来店客数と顧客単価を引き上げるモデルを作ることがポイントとなります。

この1店舗あたりの売り上げを上げるために、新規顧客・リピート顧客をどのように増やすか、顧客単価を上げるために、アップセルとクロスセルを生み出すことが重要です。

※アップセルとは1人の顧客が購入する商品の数が上がること

※クロスセルとは1人の顧客がBAKEの関連ブランドの商品を購入すること

収益ドライバー

最重要指標（KGI）
売り上げ

→ 中間指標❶（KPI）
来店客数

→ さらに分解した指標
新規
顧客層を若い女性から拡散する施策を考える

→ さらに分解した指標
リピート
定期的な購入をうながす施策を考える

→ 中間指標❷（KPI）
顧客単価

→ さらに分解した指標
アップセル
ロット数を増やすための施策を考える

→ さらに分解した指標
クロスセル
チーズタルト以外を購入してもらう施策を考える

BAKEブランドの成功ポイント要約

BAKEの成功ポイントをまとめると、次の3つに要約することができます。

成功要因の言語化（3つのポイント）

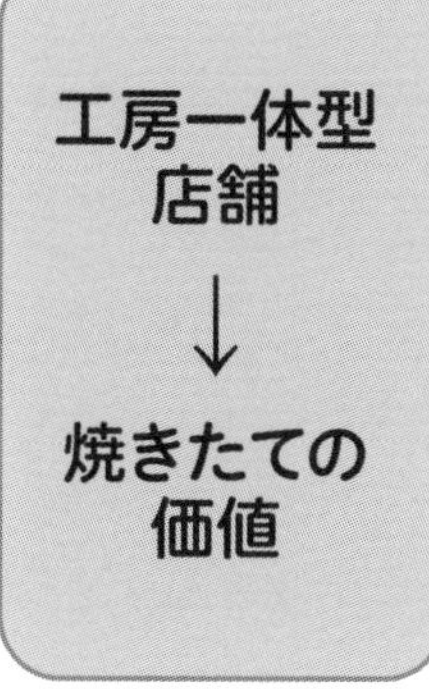

ブランドを
横断した
再現性を
持たせている

デザイン性を
競争力に
変えている

ユーザー視点では、この体験こそがBAKEの人気を支えていることがわかります。

“工房一体型店舗による、五感に訴えかけるおいしさの演出。鉄板に並んだ焼きたての商品を目で見て、においをかぎ、焼き上がる音を聞き、まだ温かい商品を受け取る。”

出典：「成長BAKEは「洋菓子界」の常識を壊せるか」（東洋経済オンライン）

https://toyokeizai.net/articles/-/170342

もし自分がBAKEのCMOだったら？

最後に「自分がBAKEのCMOだったらどのような打ち手をとるか」を考えていきます。

次のような打ち手をまとめてみました。

「もし自分がCMOだったら?」シート

視点	CMO 視点でトレースしたことから導き出した考えを記載
あなたが考える打ち手は何か?	☆リファーラル(紹介) =店舗に友だちを連れて来た場合に1個無料プレゼント 友だちに「アツアツ(焼きたて)の感謝をプレゼントしよう」
競合と比較したときの差別化ポイントは何か?	BAKEのブランド特性を考えると競合よりも友だちのプレゼントとして喜ばれる(仮説) 差別化ポイント=おいしさ×デザイン性
ターゲットは誰で、その人のどんな課題を解決するのか?	・買い物やデートの帰り際に、気軽に喜んでもらえるプレゼントを渡したい ・リピーター(BAKEファン)→新規顧客層にプレゼントする想定
マーケティングミックスで工夫する点は何か?	・Place視点:駅ナカ・駅近に店舗があるのでその店舗資産を有効活用 ・Promotion視点:プレゼントはSNSでシェアされるための仕かけを入れる
収益インパクトはどれくらい出せそうか?	・1店舗あたり30人/日のリファーラル(紹介)による新規顧客獲得を見込む ・BAKEは年間消費額3000円/1人 ・1000人×3000円=300万円/1店舗あたりの収益インパクト

BAKEが掲げているのは、スタートアップの発想で「業界の常識を覆す!」「世界と戦う!」ことです。このビジョンを掲げ、業界の常識にとらわれない発想でマーケティングを行っているからこそ、高い成長率を誇っていることが理解できます。

BAKEは今後の日本企業がマーケティング戦略を考えるうえで大きなヒントを与えてくれるブランドです。ぜひ、このマーケティングトレースを読んでいただいたら、BAKEにフィールドワークに出かけてみてください!

BAKEのマーケティングトレースからの学び

1. スタートアップのマーケティング戦略を分析する場合は、業界内でどのような立ち位置をとっているのかを俯瞰的に分析すること

2. ターゲット設定(STP)とマーケティングミックス(4P)がどのように連動しているのかを読み解くこと

3. マーケティング戦略を読み解くためには、その企業の組織文化まで読み解くこと

02 2年で10倍の市場規模を作ったBリーグのマーケティングトレース

Jリーグ初代チェアマンの川淵三郎氏が立ち上げを牽引し、開幕戦のど派手なオープニングセレモニーでも注目を集めました。

メディアでは盛り上がっているといわれるBリーグですが、マーケティング戦略としては何が優れているのでしょうか。Bリーグに限らず、スポーツ市場を盛り上げていくためにマーケティングを活用する視点をマーケティングトレースから考えていきます。

マーケティングトレース担当：黒澤友貴
活用フレームワーク（PEST、5Forces、STP、4P/4C）

Bリーグの概要整理

まずはBリーグの概要を整理していきます。

Bリーグのマーケティングを考えるうえでは、B.MARKETING(ビーマーケティング）株式会社の存在を押さえておく必要があります。

今回は、同社をテーマ企業としてトレースをしていきます。

Bリーグの基本情報（2019年11月時点）

Bリーグの#マーケティングトレース基本情報

会社名	B.MARKETING株式会社
業界	スポーツ業界
代表取締役	鶴 宏明
ビジョン・理念	プロバスケ界の価値向上を目指す
売上／営業利益	非公開
従業員数	非公開
トレース目的	Bリーグの盛り上がりの背景にどのようなマーケティング戦略があったのかを掘り下げて理解する

Bリーグのミッション

バスケットボール界をより発展させ、より良い未来を築く

1. 世界に通用する選手やチームの輩出
2. エンターテイメント性の追求
3. 夢のアリーナの実現

バスケットボールの市場規模は2年で10倍に!

2015年	約20億円
2017年	273億円に成長

この成長要因をマーケティングトレースで読み解いていきます。

マーケティングトレース参考資料＆URL

『稼ぐがすべて　Bリーグこそ最強のビジネスモデルである』（葦原一正、あさ出版、2018年）

https://amzn.to/2LFSyZv

「B.LEAGUEに学ぶ！　"スマホファースト"でファンを掴み、入場者を1.5倍にしたデジタルマーケティング事例」（富士通ジャーナル）

https://blog.global.fujitsu.com/jp/2018-01-09/01/

「1年で来場者数140%増！　「若者と女性」に向けて4つのSNSを操る、Bリーグのマーケ戦略」（SELECK）

https://seleck.cc/1174

PEST分析

市場環境分析（PEST分析）

Politics 政治	Economy 経済
スポーツ庁は、2025年までにスポーツの市場規模を3倍の15兆円へ拡大することを掲げている	サッカーやラグビーなどスポーツ分野がマーケティング投資を強化 経済への波及効果が高まる

Society 社会	Technology 技術
スポーツに「エンターテイメント性」が持ち込まれ、女性や若者がスポーツを余暇として楽しむシーンが増加	スマートフォン、SNSの普及、AR・VR技術の登場により、スポーツ観戦の可能性は広がる

スポーツ庁は、2025年までにスポーツの市場規模を3倍の15兆円へ拡大することを掲げ、サッカーやラグビーなどさまざまなスポーツ分野がマーケティング投資を強化しています。

また、プロバスケットボール市場は、アメリカではNBA（National Basketball Association）が存在します。

日本社会のトレンドとしては、プロバスケットボール市場が盛り上がりに向けて動くことは自然な流れだと捉えることができます。

バスケットボールは、人口統計の視点から見ると興味深い特徴があります。

バスケットボールの特徴

・サッカー、野球に次ぐ部活動員数を誇る
・バスケは、男女両方の競技経験者が多い

バスケットボールを取り巻く環境

サッカー、野球に次ぐ部活動員数を誇る
バスケは、男女両方の競技経験者が多い

Bリーグの潜在市場は大きく存在することがわかります。

5Forces分析

続いて5Forces分析からBリーグの業界構造を整理していきます。

5Forces分析：業界構造の理解

売り手		買い手
・選手 ・スポンサー ・アリーナ etc	**新規参入** フェンシング／ラグビー／ etc マイナースポーツから新興スポーツまで	生活者全般
	直接競合 Jリーグ／プロ野球 ※自社=B.MARKETING（ビーマーケティング）	
	代替品 NetflixやAmazonPrime Video などのコンテンツ エンターテイメントコンテンツ全般	

Bリーグの直接競合はJリーグやプロ野球など、メジャースポーツと定義してみます。

新規参入としては、Bリーグと同様にこれから盛り上がりを狙うマイナースポーツがあるのではないでしょうか。

代替品としては、エンターテイメントコンテンツ全般があてはまり、「Bリーグの観戦より、家で映画鑑賞していたほうがよい」という消費者の選択があると考えられます。

現在は、Bリーグを通じて地方を盛り上げていく動きがあり、選手、スポンサー、アリーナ保有者などの交渉力は低い、つまり協力者が多い状況だと予想できます。

Bリーグの人気上昇の傾向もあり、買い手の交渉力も低く、付加価値の上昇にともないチケット価格の引き上げやグッズ販売数の増加などはこれから取り組みやすい環境ではないでしょうか。

STP分析

続いてマーケティング戦略の土台がどうなっていたのかをトレースしていきます。

ここでは、市場をバスケットボールに対する「嗜好性」で分けてターゲットを考えます。

Bリーグのターゲティング戦略❶

Bリーグの成功要因を考えてみると、ライトファンが足を運びたくなる仕かけを重視したことが成功要因だと考えています。

コアターゲットとして考えたのは、バスケットボールが大好きで海外のNBAファンのような人ではなかったのではないでしょうか。

Bリーグのターゲティング戦略❷

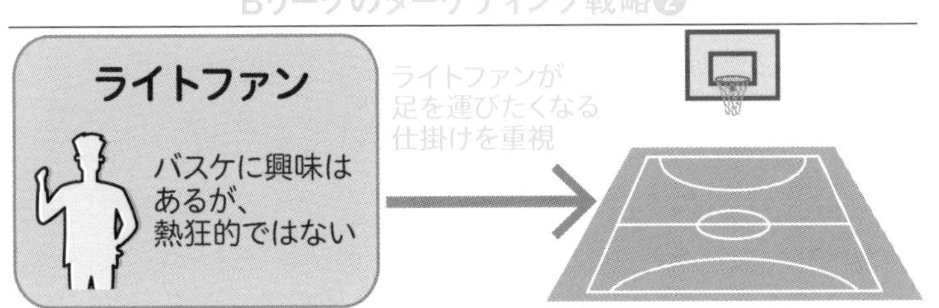

ターゲティングの特徴

メインターゲットを若者・女性とし、ライトファンでもアリーナに足を運びたくなるような設計をしたことが成功要因と考えられます。

ターゲティングのポイント

純粋にデモグラフィック属性（統計属性）でターゲットを決めているわけではないことがBリーグのマーケティングの面白い視点です。

コアファンが「誰を誘いたくなるか」「どういう情報を伝えれば誘おうと思うのか」というメカニズムを解釈することのほうが大切だと気づかされました。

出典：「「Bリーグ」はどうやって若者と女性のファンを増やしたのか」（マネー現代）
https://gendai.ismedia.jp/articles/-/59903?page=2

Bリーグのマーケティングは、ターゲットを「友人を誘ってくれる女性・若者」に設定していることがポイントです。

ポジショニングマップ

今までもバスケチームを応援している人たちがいましたが、Bリーグは、バスケに熱狂しているわけではない層でも楽しめるポジショニングを取ったことがわかります。

ポジショニングマップを整理するとこのように表現ができるのではないでしょうか？

Bリーグのポジショニングマップ

バスケに詳しくなくても楽しめる
観戦はスタジアムだけ
スマホ・SNSでも観戦を楽しめる
バスケ好きが楽しめる
Bリーグ
旧バスケチーム

4P分析

続いて、Bリーグは上記で設定したターゲットに対して、どのように価値を届ける戦略をとったのかを4P分析をもとに読み解いていきます。

4P分析とあわせて顧客視点で考えたときの4C分析もご紹介します。

4P/4C分析について

4P分析は、企業視点でマーケティングミックスを整理するために活用するフレームワークです。

一方4C分析は、顧客視点でマーケティングミックスを整理するために活用するフレームワークです。

両方のフレームワークを活用して、Bリーグの価値の届け方を整理していきます。Bリーグの4P分析を要約すると次の通りとなります。

商品（Product）

デートコースとしても選ばれるようなエンターテイメント性を持ったアリーナ

価格（Price）

500円〜2万円近くまでと幅広い価格帯のチケットを用意

流通（Place）

チケットはスマホで予約できるようサイトに投資

広告（Promotion）

SNS×動画中心にコアターゲット層にリーチする

4C分析＝顧客視点とあわせて整理してみましょう。

Bリーグの4P／4C分析

4P	4C
Product 試合観戦・グッズ購入	Customer Value エンターテイメント性
Price 映画や食事と同じ設定	Cost 平均すると2000円前後
Place スマホファースト	Convenience 初心者でもストレスなし
Promotion SNSを中心	Communication 日常の中に浸透・共有

スマホをファーストスクリーンとするコンセプトを置き、スポーツ業界の中では先駆的なデジタルマーケティングを行ったことは、Bリーグの戦略特徴として注目されており、成功要因だったことがわかります。

スマホファーストの戦略を深掘り

さらにSNSとデータ活用の2つの特徴を見ていきたいと思います。

❶ SNS活用

Bリーグの Instagram を見てみると、顧客の心を動かす工夫をしてバスケットボールに興味がない人たちでも、この競技の魅力に気づくことができるようなコミュニケーション設計がされていることがわかります。

BリーグのSNS活用の注目ポイントを整理しておきます。

・ハッシュタグ活用
・選手を応援したくなるインタラクション／工夫
　※バスケに興味がなくても選手を応援したくなる仕かけ
・季節性のイベントに合わせた投稿

❷ データ活用

Bリーグは、顧客データを各チームではなく、リーグが一括してデータを管理しているようです。

「定量データと定性的なリサーチから仮説を作り出す」→「各リーグのマー

ケティングに活かす」ということを、戦略を考えるリーグの大元が行っているのがBリーグの素晴らしさです。

若者と女性をコアターゲットと設定し、そのあとのコミュニケーション戦略の見直しも、データをもとにPDCAが回されているため打ち手の精度が高くなっているのだと予測できます。

以下の文章はデータをどのように活用しているかをメディアで語られていた箇所からの引用です。

もう1つが「スマホユーザーの分析軸の違い」です。当初は、データ分析の軸を来場回数が多い「コアファン」、または来場回数が少ない「ライトファン」に置いていました。しかし、スマホの利用率は圧倒的に東京などの都市圏が高く、またスマホチケットの購入率が高いなど、「エリア軸」が想定以上に影響力があることが分かりました。

出典：「B.LEAGUEに学ぶ！"スマホファースト"でファンを掴み、入場者を1.5倍にしたデジタルマーケティング事例」(富士通ジャーナル)

組織構造・文化を分析

書籍『稼ぐがすべて Bリーグこそ最強のビジネスモデルである』(葦原一正、あさ出版）の中で紹介されていますが、Bリーグ立ち上げ当初の「人財ポリシー」は、マーケティング組織を考えるうえでのヒントが詰まっています。

1. 身内（バスケットボール出身者）で固めない
2. プロフェッショナルマインド（誰に対してもはっきり意見を言える人）
3. 徹底的に「べき論」で語れる人
4. 片道切符（出向禁止）
5. 若手、女性の積極登用

さらに組織文化を考えるうえで注目したいのは、組織全体でベンチマーク（競合）にNBAを設定しているということです。

Bリーグは、NBAレベルを本気で目指していたから、マーケティング戦略もダイナミックに仕かけられているのでしょう。

組織にとってどこをベンチマークと捉えるのかによって、マーケティングのダイナミックさも変わってきます。

上記のような、素晴らしいマーケティング戦略の背景には、優れた組織文化と体制と人がいることを忘れてはいけないわけですね。

3C分析とBリーグの成功要因まとめ

ここまでの分析を3C分析で整理します。

3C分析で戦略を整理する

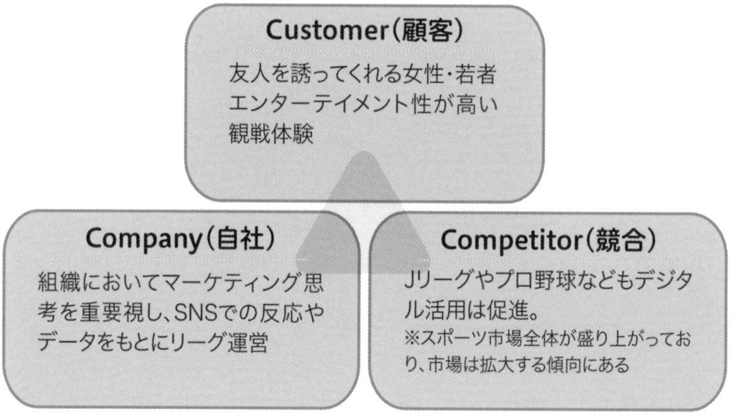

Customer(顧客)
友人を誘ってくれる女性・若者
エンターテイメント性が高い
観戦体験

Company(自社)
組織においてマーケティング思考を重要視し、SNSでの反応やデータをもとにリーグ運営

Competitor(競合)
Jリーグやプロ野球などもデジタル活用は促進。
※スポーツ市場全体が盛り上がっており、市場は拡大する傾向にある

Bリーグの成功ポイントをまとめると、この3つが戦略成功要因だと考えられます。

Bリーグの成功ポイント

楽
エンターテイメント性

スマホ
若者が楽しめる

組織
運営組織の最適化

Bリーグの成功要因のまとめ

❶ エンターテイメント性を追求した体験設計
メインターゲットである若者や女性が楽しみ、友人を紹介したくなるような体験設計を行う

❷ スマホをファーストスクリーンに
スマホで予約、グッズ購入、情報取得が完結するよう対応する
広告チャネルもSNSを重点的に最適化する

❸ マーケティングのプロを運営サイドに集めて組織を最適化
マーケティングやデータ分析に長けた人を集め、戦略実行力の高い組織デザイン

❹ リーグ立ち上げ段階からプロを組織に招き、市場・顧客視点でサービス設計を行う

自分がBリーグのCMOだったら？

最後に「自分がCMOだったら?」の視点でアイデア仮説をまとめていきます。

まずはどのような収益構造になっているかを整理しておきましょう。

収益ドライバーは下記の3つです。

スポーツリーグの収益

とるべき打ち手の案を考えてみます。

次のような全体像で戦略を作り組織に落とし込んでいくイメージです。

観客動員数を安定的に増やすこと

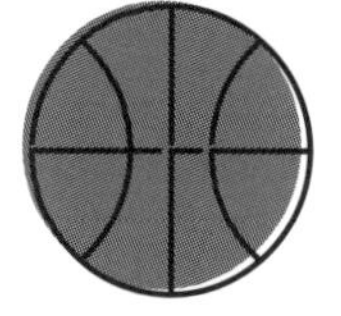

Bリーグの企業価値

現状スポンサー料は
安定して入っている

観客動員数増の打ち手

観客動員数を増やすためのアプローチ案を考えてみます。Bリーグはほかの国内スポーツリーグより後発であり、組織として革新的な行動をとりやすい体質であることが、トレースする過程でわかりました。

この体質・文化を活かしてテクノロジー投資を大規模に進める、そして最も最先端のスポーツ観戦を体験できるプラットフォームを目指すのはどうでしょうか。

Jリーグやプロ野球などよりも、テクノロジーを活用した最先端の観戦という視点で顧客を動かす仕組みが作れるとよいのではないかと考えました。

技術革新・最も最先端を体験できるスポーツリーグへ

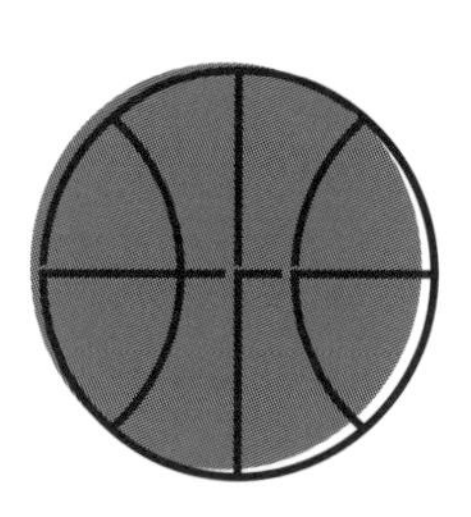

〈例1〉
ダイナミックプライシング

〈例2〉
AR/VRなどを活用した観戦

〈例3〉
アリーナの演出(デジタルアート)

グッズ収益増のための打ち手

女性ファンの獲得に成功したBリーグですが、継続的なファンになってもらい、LTV（Life Time Value：顧客生涯価値）を最大化するためには、もう一歩踏み込んだ打ち手が必要になってくると思われます。生活により浸透させるためのブランド戦略を考えていきたいところです。

たとえば、バスケットボールはストリート系を好む層にアプローチしやすいはずなので、20代ストリート層に向けてグッズ販売し新規顧客獲得を増やす切り口はどうでしょうか。

野球チームの中で、女性ファン獲得に成功しているDeNAベイスターズを模倣すると、新しい切り口が見えてくるかもしれません。

Bリーグのマーケティングトレースからの学び

① 4Pマーケティングミックスは顧客価値との連動性を読み解くこと

② 競合設定により目標・戦略は変わるため、同業界以外の競合を選定すること

③ 新しい市場を創造するためには人財ポリシーを作り、チーム作りから考えること

03 経済情報プラットフォーム SPEEDAのマーケティングトレース

経済ニュースメディアNewspicksの運営会社として知られるユーザベース。今回は、Newspicksではなく「経済情報プラットフォームSPEEDA」事業を分析していきます。BtoBのSaaS領域において、国内だけでなく海外市場でも順調に成長するSPEEDA。新しい市場をどのように創造し、ポジションを確立してきたのかをマーケティングトレースから読み解いていきます。

マーケティングトレース担当：黒澤友貴
活用フレームワーク（PEST、5Forces、3C、STP、4P）

ユーザーベースの概要

SPEEDAの#マーケティングトレース基本情報

会社名	株式会社ユーザベース（UZABASE,Inc.）
業界	情報・通信（SaaS） 企業活動の意思決定を支える情報インフラの提供
代表取締役	稲垣裕介
ビジョン・理念	ミッション：経済情報で、世界を変える
売上／営業利益	2018年12月期：90億円　SPEEDA事業は36.1億円の売上
従業員数	567名（2018年12月末時点）
トレース目的	BtoBビジネスの中でも、SaaSビジネスにおける 成長モデルを理解する

ユーザベースのグループ全体としては、データプラットフォーム(SPEEDA)とメディアプラットフォーム（Newspicks）の両事業を確立させシナジーを生み出すビジネスモデルを構築しています。

ユーザベースのビジネスモデル

グローバルに、toB⟷toC、データ⟷メディアを押さえにいくビジネスモデル

メディア事業のNewspicksが一般的に認知度が高いと思いますが、今回はSPEEDAに焦点を当ててマーケティングトレースを行っていきます。

SPEEDAのサービス概要

まずサービス概要を整理していきます。

コンセプト（ランディングページ内のコピー）

7日間かかる業界分析を、たった1時間に短縮できるソリューション

3000件の業界レポート、600万社の企業情報、2000媒体のニュースなど、あらゆるビジネス情報を網羅したデータプラットフォームであり、ユーザーは価値ある情報を一瞬で取得することができることが利用メリット。

PEST分析

続いて、SPEEDAの事業を取り巻く環境を整理していきます。

市場環境分析（PEST分析）

Politics 政治

★ 行政と企業のビッグデータを横断的に利用するデータベース基盤「分野間データ連携基盤」の試験運用が始まる

資料：内閣府と経済産業省の「分野間データ連携基盤」構想、新エネルギー・産業技術総合開発機構（NEDO）

Economy 経済

「国内M&A、件数過去最大に4月309件、再編・事業承継の受け皿に」

出典：日本経済新聞（2019年5月26日）

企業に蓄積されたデータベース、ナレッジベースの取引が活発になる

出典：文部科学省科学技術政策研究所

Society 社会

データが正しく読める「データサイエンティスト」が、国内で約4万8000人不足する

出典：日本経済新聞（2018年6月21日）
※経済産業省調査

Technology 技術

世界のICT市場に占めるクラウドの比率が約50%に達する

出典：ITpro（山本正已富士通社長の発言）

Economy（経済要因）を分析すると、日本企業は新規事業開発／経営企画などがM＆Aや新規事業開発などの役割を担い、その際にデータベースやナレッジベースを参照する機会が増えてきています。

また、Technology（技術要因）を考えていくと、クラウド比率が高まり、SaaSビジネスが勢いを増しています。

この2つの要因は、SPEEDA事業にとっては追い風の外部環境だと理解できます。

5Forces分析

5Forces分析から、SPEEDAが属する業界の構造を整理していきます。

5Forces分析：業界構造の理解

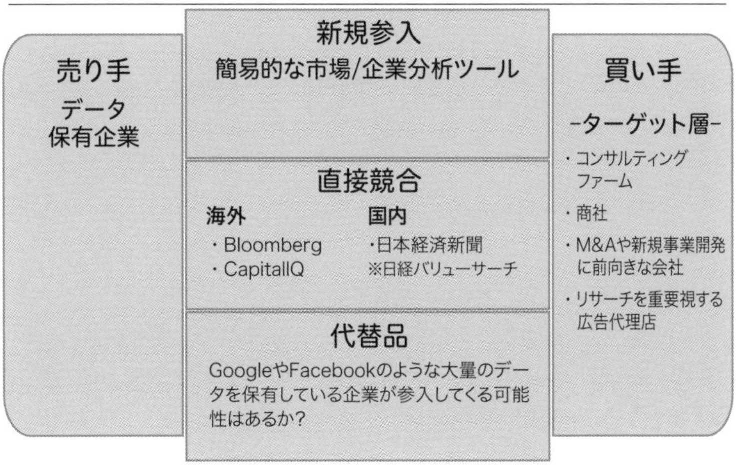

SPEEDAはデータの接続量が多く、経済情報プラットフォームとしてポジションを確立しています。

海外市場では、Bloomberg（ブルームバーグ）やCapitalIQなどの競合がいますが、国内や新興市場においては、買い手と売り手の交渉力は低く、付加価値分の価格向上がしやすいと考えられます。

新規参入、代替品の脅威も、現状の外部環境を分析する限りでは脅威度は低いでしょう。

上記の業界構造の中でポジションを確立していることが、SPEEDAの成長を支えていることがわかります。

3C分析

続いて3C分析からSPEEDAのマーケティング戦略を読み解いていきます。

3C分析：戦略の基本方針を作る

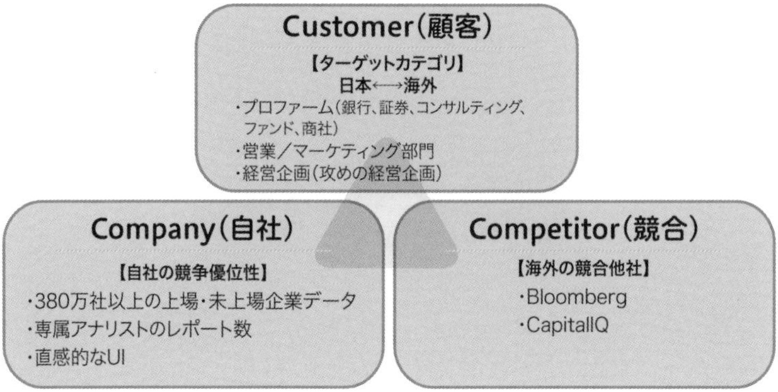

Customer（顧客）

【ターゲットカテゴリ】
日本←→海外
・プロファーム（銀行、証券、コンサルティング、ファンド、商社）
・営業／マーケティング部門
・経営企画（攻めの経営企画）

Company（自社）

【自社の競争優位性】
・380万社以上の上場・未上場企業データ
・専属アナリストのレポート数
・直感的なUI

Competitor（競合）

【海外の競合他社】
・Bloomberg
・CapitalIQ

SPEEDAの競合は、Bloombergです。

ブルームバーグやトムソン・ロイターなどの金融業界で使われているサービスを「より使いやすく」「価格優位性ある」プロダクトとしてSPEEDAは開発されています。

STP分析

STP分析：マーケティング基本戦略

Segmentation（市場を分ける）

▼職種別
・営業（営業の中でも細分化）
・経営企画
・マーケティング
・新規事業開発/研究開発

▼業種別
・コンサルティングファーム
・商社
・M&Aや新規事業開発前向きな事業会社
・リサーチを重要視する広告代理店

Targeting（コアターゲット決定）

ターゲットは事業フェーズによって変えてきている
第1フェーズ：銀行、証券、コンサルティング、ファンド、商社
第2フェーズ：営業／マーケティング部門
第3フェーズ：経営企画

Persona（顧客イメージを具体化）

営業／インサイドセールス担当のペルソナイメージ
❶求める機能
顧客／業界理解を短時間で深める
条件に合うターゲット企業を素早くリスト化
❷求める感情
顧客に分析の質で喜んでもらいたい

Positioning（差別化ポイントを表現）

【SPEEDAの競争優位性＝価格優位性×使いやすさ】
❶価格優位性
（金融系においてはBloombergが高価格でポジションをとっている）
×
❷使いやすさ
＝データベース量×（アナリストの質＋戦略サポートの充実度）

SPEEDAのマーケティング戦略で興味深いのは、フェーズごとにターゲットを再定義している点です。

最初は、プロファーム向けのツールとして定義していた中、より広く営業／マーケティング部門や経営企画が戦略策定やM＆Aに活用するツールとして、顧客（マーケット）を拡張することで成長をしてきています。

SPEEDAのターゲット拡張と成長戦略

ターゲットを再定義→拡張しながら、ID数を増やす＝成長

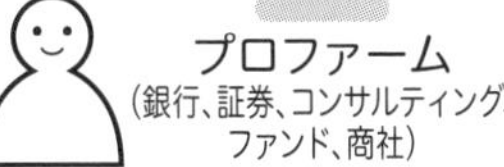

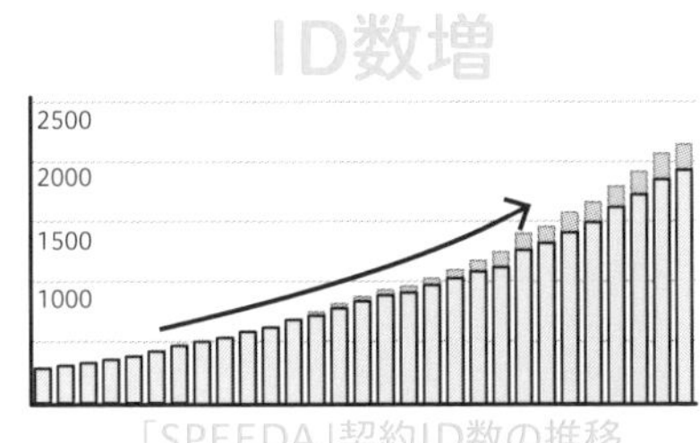

「SPEEDA」契約ID数の推移

出典「「SPEEDA」の急成長を支えるユーザベース自身のABM戦略とは」（ITmediaマーケティング）
（http://marketing.itmedia.co.jp/mm/articles/1705/24/news017_2.html）

4P分析

さらに具体的な価値の届け方を分析していきます。

マーケティングミックス（4P分析）

Product（商品）

あらゆるビジネス情報を網羅
・3000件の業界レポート
・600万社の企業情報
・2000媒体のニュース

顧客価値＝情報収集を効率化→意思決定を支える

Price（価格）

トライアル：7日間の無料

1IDあたりの価格は問い合わせ後に料金表が送付される

Place（流通）

専属コンサルタントのサポート
導入後の研修実施（オンボーディング）
分析をサポートするカスタマーサポート

Promotion（広告）

【オンライン】Newspicks内でレポート公開（※SPEEDA総研／アナリストレポート）

【オフライン】セミナー

グループ内のほかのサービスとクロスセルやコラボチャネルを作りやすい

競争優位性は、Product（商品）とPlace（流通）の領域にあります。

買収や連携などからデータ量を増やし、専属コンサルタントのサポート、カスタマーサポートの存在が顧客の課題を解決するサイクルが回っていること。

これがSPEEDAの競争優位性を築いていることがわかります。

成功要因まとめ

ポイントを3つにまとめます。

成功要因の言語化（3つのポイント）

ターゲット拡張	デザイン投資	コンサル価値

❶ 事業フェーズにあったターゲット拡張
❷ 直感的なUI＝デザイン投資
❸ アナリストの分析とカスタマーサポートの両立＝コンサル価値

マーケティング戦略、プロダクト投資、組織体制の構築、この3つが連動して最適化されていることが、SPEEDAの成功要因だと読み解くことができます。

もし自分がSPEEDA事業のCMOだったら？

最後に、SPEEDAの今後のマーケティング戦略に関して、仮説ベースで考えてみます。

打ち手❶新しいターゲット層を開拓

ターゲットカテゴリ❶ 起業家

〈案〉スタートアップウィークエンドのような起業支援イベントにてSPEEDAの権限をその日限定で解放することで、新規事業立ち上げにSPEEDAが使えることを認知してもらう

ターゲットカテゴリ❷ 個人投資家
〈案〉無料の企業分析ツールとして注目を集めているバフェットコードと提携
※バフェットコードは個人投資家のペインを解決するために開発されているプロダクトです。

打ち手❷アナリストコミュニティ構築
「SPEEDAアナリストの分析手法に関するコンテンツを増やしてアナリストコミュニティを作る」→「優秀なアナリストを採用する」→「サービス品質向上につなげる」ことを目指す。

アナリストのコミュニティは多くないため、SPEEDAが中心となってコミュニティ構築をすることで優位性を築ける機会になるのではないでしょうか。

今後はアジア市場を中心に海外と戦っていくであろうユーザベース。データとメディアの力をかけ合わせて、どのように事業を進化させていくのか楽しみです。

SPEEDAのマーケティングトレースからの学び

1. 市場環境の追い風要因から戦う市場や価値を提供する顧客を選ぶこと
2. 事業の成長フェーズに合わせてターゲット顧客を選定し直すこと
3. プロダクトの背後にある組織体制から優位性を生み出す方法を考えること

04 2019年ヒット商品1位！ ワークマンのマーケティングトレース

近年、破竹の勢いで成長しているワークマン。職人さんが使用する高機能な作業着を一般の消費者向けに展開した「ワークマンプラス」が大ヒット。「日経トレンディ」が発表する2019年ヒット商品ベスト30でワークマンが1位を獲得しました。ワークマンがカジュアルウェア市場に進出した際の戦略と成功要因をマーケティングトレースから読み解いていきます。

マーケティングトレース担当：多田開史（@opicox_data）
編集：黒澤友貴
活用フレームワーク（STP、4P）

ワークマン概要

ワークマンの#マーケティングトレース基本情報

会社名	株式会社ワークマン
業界	作業服
代表取締役	小濱英之
ビジョン・理念	For the Customers ／働く人に、便利さを
売上／営業利益	930億円／ 135億円（2019年3月期）
従業員数	266名（2019年3月現在）
トレース目的	破竹の勢いのワークマンプラスの研究のため

ワークマンの経営理念は、「For the Customers／働く人に、便利さを」です。

リサーチ参照元

ワークマン公式サイト
https://www.workman.co.jp/

「ワークマンの国内店舗数がユニクロ超え、FCオーナーに希望者殺到の理由」（ダイヤモンド・オンライン）
https://diamond.jp/articles/-/203931

「アパレル界で旋風を起こすワークマンプラス 生みの親が語る岐路」（日経クロストレンド）
https://xtrend.nikkei.com/atcl/contents/18/00159/00002/

「ワークマンが大ブレイク、低価格高品質でも利益が出せる3つの秘訣」（ダイヤモンド・オンライン）
https://diamond.jp/articles/-/203914

「「ワークマン」がオシャレになれた本当の理由」（東洋経済オンライン）
https://toyokeizai.net/articles/-/244342

市場環境の整理

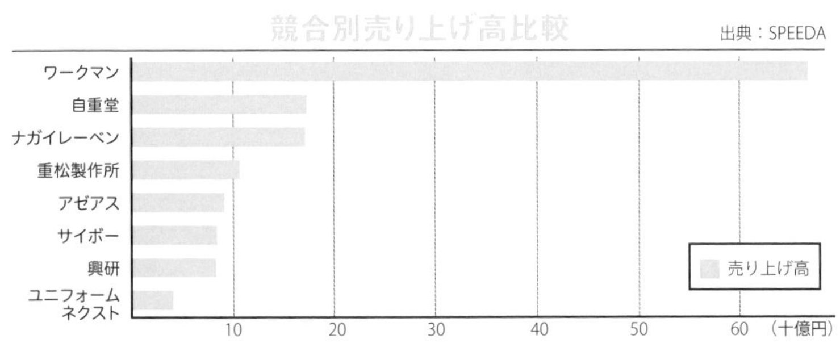

ワークマンは制服・作業着業界では2位以下を大きく引き離す規模の

業界のリーディングカンパニーです。

一方でワークマンには課題がありました。

メイン顧客であるブルーカラーの人口は縮小傾向にあるため、新たな市場を創造していくことが必要という状況でした。

そこで、今まで「作業着の高機能ウェア」開発でつちかってきたノウハウを活かし、「アウトドアスポーツ市場」への進出を決めました。この市場を再定義する中で生まれたブランドが「ワークマンプラス」です。

STP分析

STP分析からワークマンプラスのマーケティング戦略を読み解いていきます。

まず、ターゲットとしてアウトドア活動（キャンプ・スポーツ・バイクツーリング）のライト層・カジュアル層に設定したと考えました。

顧客の掲げる課題は「アウトドア活動を始めたいときに、アウトドアブランドの服の値段が高くて手が出ない」ということです。

最近は「ワークマン女子」も増加しています。機能性×価格の軸に、デザイン性やトレンド性を組み込み、ターゲットを広げていることがワークマンのマーケティング戦略の興味深いところです。

ポジショニングマップ

ワークマンのポジショニングマップを図解すると次の通りです。

「高機能×低価格」という業界内ポジショニングをとっています。

ワークマンのポジショニング

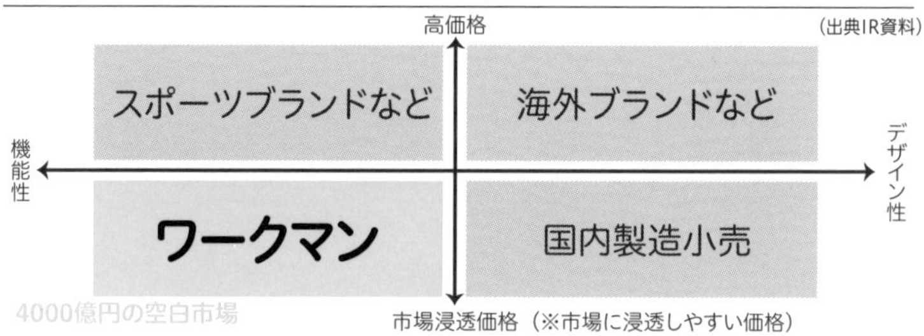

価格に加え、機能性（デザイン性）の軸を加えることで“勝てる”土俵を見つけ出し、ワークマンプラスの業態開発は加速しています。

ワークマンPB（プライベートブランド）を新たに設置し、カジュアルウェアを開発し、実験的に販売。実験販売での消費者の反応がよかったことから、正式に“カジュアルウェア”の市場に進出し、空白地帯であった「高機能×低価格」のポジションを取ることに成功しました。

消費者視点だと「低価格とワークマンだからこその高機能」を売りにした自社製品を提供することで「まずは、ワークマンで一式そろえてみよう！」という行動をとってもらうことを狙いとしたのではないかという仮説を考えました。

4Pマーケティングミックスの分析

ここから4Pのフレームワークを用いて、ワークマンが顧客にどのように価値を届けているのかを読み解いていきます。

ワークマンの4Pには「高機能×低価格」を実現するための戦略が徹底されています。

マーケティングミックス（4P分析）

Product（商品）	Price（価格）
・高機能実現のため高い原価率 一般的なアパレルの平均原価率が30パーセントほどといわれているのに対して、高機能な製品の実現のために原価率65パーセントをかけている	・「価格」を絶対的な基準とする どこの市場に売るかを決めたら、最初に商品の価格を決定。その価格よりも安くなってもいいが、高くなるならば売らないと豪語するほどの低価格へのこだわり
Place（流通）	**Promotion（広告）**
・手厚いFC創業支援 販売チャネルの数を増やすため、ワークマンではフランチャイズ方式をとっている。本部が出店立地などを調査したのちに募集するなど、創業者支援が手厚く、一方でフランチャイズの経営者は夫婦限定など、地域への密着も目指している	・ブロガーとのコラボ 製品の機能の高さをアピールするために、自社製品を実際に愛用しているブロガーなどを製品発表会に招待。ワークマンショップアンバサダーを開始するなど、コラボレーションに力を注いでいる

ワークマンはなぜ「高機能×低価格」を両立させることができるのでしょうか？

その秘密は組織文化にあることが調べると理解できます。

ワークマンの商品は、市場のどのようなニーズを解決するか決めたら、最初に価格を設定することから始まります。この価格を絶対的なものとして、商品開発の過程や売る際に高く設定することは絶対にしないそうです。

設定した価格で販売をするために、製造先や発注時期などにもこだわります。低価格であるだけでなく、高機能を実現するために製品に使われる素材にも非常にこだわっています。そのため、原価率はほかのアパレルに比べると高くなっています。

さらにプロモーションについて深掘りして見ていきましょう。

ワークマンの商品は高機能が売りのため、商品の細かい部分まで解説しないと、機能の高さが伝わりません。

ワークマンはアウトドアやライダー系のブロガーに目をつけました。

新製品発表会などにブロガーを招待し、自社製品の機能の高さをブロガーに対して積極的にアピール。ブロガーが商品を紹介することで一般の顧客に製品名と機能の高さを伝えることに成功しました。

また、現在では”ワークマンアンバサダー”企画がスタートし、アウトドア系の著名ブロガーとともに商品開発を行うなど、ブロガーを巻き込みながら、自社ターゲットのニーズを拾い上げる商品開発に余念がありません。

組織構造分析

一般的なアパレル会社が市場調査から企画、製造、発注、店舗への納入までをそれぞれの部門が縦割りで管理する縦割り方式に対して、ワークマンは市場調査から流通まで、社内の4人体制で商品部がすべての商品の動向を掌握しているそうです。

4PのPlace（流通）部分にも記載しましたが、FC方式をとっており、FC店舗もお客さまからの声を拾いやすいようにオーナーを「夫婦限定」にするなど工夫がなされてます。

顧客の声から商品企画を立て、いくらで売るかを決め、どの工場でいつ生産し、いつどこでどのくらい売るかまで、これらを商品部がすべて決定します。これによりニーズを発見してからの製品化まで迅速に行うことが可能になります。

最短3カ月で商品化するケースもあるとのことなので驚きです。企画から販売までのスピードの速さもヒットの要因に違いはないと思います。

成功要因のまとめ

成功要因の言語化

「高品質×低価格」の徹底	マーケットインの組織体制

❶「高機能×低価格」を戦略の軸として顧客を再定義

ワークマンは、「高機能×低価格」という業界内ポジションを取り、ターゲットを再定義・拡張してきたことが、成功要因だと考えられます。

❷マーケットインの組織体制

商品部が市場を選定した上で、価格から売り場まで全要素を決定し、少量販売したのちにヒットすれば一気に増産して販売するなど、常に市場の反応を見て打ち手を決める体制が敷かれている。

独自の業界内ポジションをとれた理由は、製品の機能を徹底的に高めることに資本を投下し、組織構造や文化もポジションを取るために最適化されていることを理解することができました。

もし自分がCMOなら？

❶さらなるターゲット再定義

・安全性と機能性が特に求められる赤ちゃん用の衣服などの市場への進出

❷ 顧客との関係性強化

・店長のインフルエンサー化を強める、各店舗ごとの店長と顧客の関係性を強化し、商品企画に意見をフィードバックできる仕組みの構築
・地域のスポーツクラブのオリジナルTシャツなどのノベルティ系の対応

❸ 売り場の見直し

・店舗ごとに主婦やライダーの使用例などを実際にわかるような場作り（お客さんに疑似体験してもらう）
・1店舗あたりの空間を広く考えることで広い店舗設計を可能にする

ワークマン #マーケティングトレース のポイント

❶ 新しいブランドを作った市場定義を明確に行っていること

❷ 独自のポジショニングを確立できている組織構造を読み解いている

❸ 既存のマーケティングミックスを再定義し、自分なりの仮説を出している

05 やさしいインターネット空間を作り成長を続けるnoteのマーケティングトレース

マーケティングトレースの発信プラットフォームとなっているnote。2019年1月末から約8カ月でアクティブユーザー数が1000万人増えるという急激な成長を遂げています。この成長の背景にはどのようなマーケティング戦略があるのでしょうか。ビジョンや組織構造を含め、成長の裏側をマーケティングトレースから読み解いていきます。

マーケティングトレース担当：金森悠介（@user_id_us）
編集：黒澤友貴
活用フレームワーク（STP、4P）

noteの概要

noteの#マーケティングトレース基本情報

会社名	株式会社ピースオブケイク
業界	メディア
代表取締役	加藤貞顕
ビジョン・理念	だれもが創作をはじめ、続けられるようにする
売上／営業利益	非公開
従業員数	約70名（2019年10月時点）
トレース目的	急成長するメディアプラットフォーム「note」からミッションにヒモづく意思決定の意義を学ぶ

株式会社ピースオブケイクの発表によれば、noteの月間アクティブユーザーが2019年9月に2000万人を突破しました。しかも、2019年1月末から8カ月で倍増という驚異的な成長ぶりです。

約8カ月で月間アクティブユーザー数が倍増

2019年1月　1000万人

2019年9月　2000万人

ほかの数値も次の通り、すごい成長です。

・会員登録者数：150万人（2019年1月末から1.5倍！）
・利用企業数：500社超（2019年1月末から2倍！）
・検索からの流入数：2019年1月末から1.7倍！
・毎日の投稿数：毎日1万件前後
・累計投稿数：500万件超

このようにも多くのユーザーに利用されているnote。マーケティングトレースをしてみたら、noteが一般的なブログサービスとは異なる戦略をとっていることがわかりました。

マーケティングトレース参考資料＆URL

「noteの2018年のデザイン戦略について」（深津貴之（fladdict））
https://note.com/fladdict/n/nd335e638dbaa

「noteの月間アクティブユーザーが2000万人を突破しました—8ヶ月で利用者が倍増」（株式会社ピースオブケイク）

https://www.pieceofcake.co.jp/n/n5d13178ee40a

「なぜスタートアップが、あえて新書レーベルをはじめるのか？」（深津貴之（fladdict））

https://note.com/fladdict/n/n4faf791c82ca

「noteにおけるコア体験と相互作用メモ」(同前)
https://note.mu/fladdict/n/n25abad09f96b?
magazine_key=m9d9015b8e27a

「noteカイゼン報告」(同前)
https://note.mu/info/m/m9d9015b8e27a

「noteにおけるスパムコメント投稿について」(同前)
https://note.mu/fladdict/n/nd28c71109588?
creator_urlname=fladdict

「タイムラインが闇堕ちする仕組み」(同前)
https://note.mu/fladdict/n/n2984690f10a0?
creator_urlname=fladdict

3C分析

3C分析で戦略の基本構造を整理します。

3C分析:戦略の基本方針

Customer(顧客)
クリエイター全般(特に文章を書く人・読む人全般)
ビジネスパーソンなど特定の人に限定されていない
「書いて楽しい・読んで楽しい」ユーザー体験を最重視

Company(自社)
ミッション
・誰もが創作を始め、続けられるようにする
グロースの基本方針
・ユーザー体験を軸に成長
・ユーザーの声を聞きながら年間100件超ペースでカイゼンを実行/報告
クリエイター活躍の場を広げるために必要なあらゆることを行う
〈例〉新書レーベル、クリエイター支援プログラム、note.comの取得

Competitor(競合)
ブログサービスカテゴリ
・はてなブログ　・アメーバブログ
周辺カテゴリ
・Twitter　・NewsPicks
ユーザー体験や、Nサロンなどのコミュニティ
誰でも利用しやすいシンプルデザインなどで競合と差別化

noteは既存のブログサービスと何が違うのか？
「エディタが書きやすい」「邪魔な広告がなくて快適」など、いくつかポイントはあるでしょうが、根底にある機能面での優位差はユーザー体験の設計にあると考えています。
ユーザー体験を6段階に分類した次の図をご覧ください。

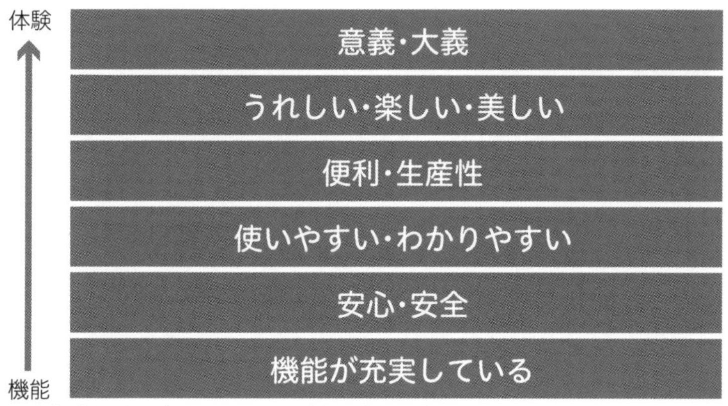

出典：「サービスに求められるものを、6段階に分類する」(https://note.mu/fladdict/n/nb35a938974d0)

noteでは機能開発を行う際、こちらの図に機能をマッピングして上位～下位のバランスをチェックするそうです。こうした機能開発があってこそ、「読んで楽しい」と「書いて楽しい」noteのコア体験が生まれ、それが競合優位性になっていると考えられます。

日本のITプロダクトはLv3近辺でストップしやすい
全体傾向としては、日本のソフトウェアやサービスは、Lv2の「安心・安全」でストップしやすい傾向があります。そして、Lv3の「使いやすい・わかりやすい」に至らないまま、マーケティング主導の多機能化が起こりやすいように思えます。
出典：「サービスに求められるものを、6段階に分類する」(同前)

ポジショニングマップ

次にnoteのポジショニングを整理してみます。

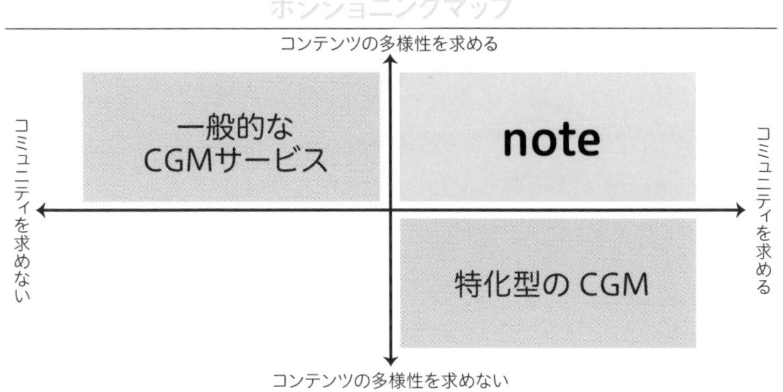

noteのポジショニングのポイント

・noteは、健全な創作コミュニティができており、かつコンテンツの多様性が高い
・一方で、サービスが巨大化しても健全で平和な世界観を守るべくスパム対策は厳重に取り締まる
→「やさしいインターネット空間」ができあがり、カルチャーに惹かれた書き手や読み手が集まってくる

noteの特徴の1つとして挙げられるコミュニティ。これまでも定期購読マガジンなどオンラインでのコミュニティがありましたが、昨年からはnoteファン主催のオフラインイベント「note酒場」も開催されています。

私自身も、2年連続で運営側として参加しましたが、これほど熱量が高いユーザーがいることはnoteにとって大きな価値でしょう。

また昨今、ビジネスパーソンが情報発信をする流れがありますが、そのプラットフォームとしてnoteを選択する人が増えている印象です。この流れは、法人向けサービス「note Pro」成長のあと押しとなり、新たな収益の柱になり得るかもしれません。

noteの成長モデル

下の図はnoteの成長モデルです。

健全な創作コミュニティが維持されているからこそ、作者が集まり、コンテンツが増え、読者が集まり……という循環が回りつづけています。

ちなみにnoteでは、運営者側がいまだにすべてのコンテンツを人力で読むそうです。これは書き手が有名かどうかにかかわらず、面白いコンテンツを世に広げる役割を果たすと同時に、スパムなどユーザー体験を損ねるリスクを排除する役割も果たしています。

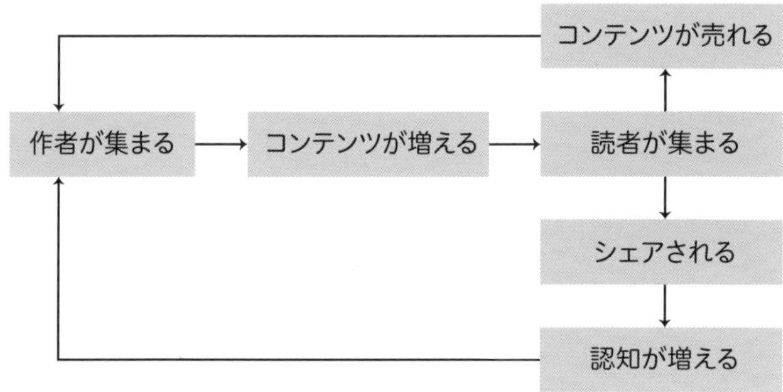

さらに、次の3つの要素を分解して、バランスよく成長させることで、短期的な売り上げによらない、持続性のある発展を実現させようとしています。

迷ったときはここに戻ると徹底しています。

- コンテンツパワー：コンテンツの量と品質
- 発見性：作品が世に届くこと
- 継続性：読みつづけてもらえること、書きつづけてもらえることの施策

4Pマーケティングミックス

noteのミッションは、「だれもが創作をはじめ、続けられるようにすること」。CXO（Chief Experience Officer＝体験の最高責任者）の深津さんは「とにかく面白い作品を作るクリエイターを広く世に送り出すこと、そのための仕組みを作ることは、全てnoteの使命」と語っています。

上記のミッションを実現するために、noteはどのようなマーケティングミックスになっているか整理してみました。

noteのマーケティグミックス（4P分析）

Product（商品）

・サービスの概要：
「読んで楽しい」と「書いて楽しい」ユーザー体験を提供するメディアプラットフォーム
・サービスコンセプト：
クリエイターファースト
ユーザーと対話をする
多様性を大事にする
素早く試す
大きな視点で考える

Price（価格）

・無料から利用可能
・noteプレミアム
月額500円：便利な機能利用可能（予約投稿や容量アップ、定期購読マガジンの販売が可能に）
・コンテンツ販売時の手数料
プラットフォーム利用料：売上金額から決済手数料を引いた額の10～20％
・法人向けサービス：
・コンテスト：キリン「#社会人1年目の私へ」など
・note Pro：月額5万円（税抜）、年額55万円（税抜）
※有料（月額約1万円～2万円）のオプション機能もあり

Place（流通）

・チャネル：Web、アプリ（iOS、Android）、SNS（Twitterなど）、Nサロン、note pro勉強会
クリエイターの活躍の場を広めるべく、WebやSNSだけに閉じず、テレビや紙媒体へも進出。note.comのドメインも取得し、海外展開を見据える。結果的に、チャネルが拡大
・テレビ東京の連続ドラマとnoteのコラボ
・新書レーベル
・note.com

Promotion（広告）

・ユーザーによるコンテンツの投稿が肝心
noteの成長モデルを循環しつづける仕組み作りが重要
noteドメインのコンテンツが溜まるほど、検索エンジンからの評価もアップ
・上記を実現する施策
ユーザー投稿を促す、コンテストの企画・開催
エディタ画面のカイゼン
ユーザーの創作意欲をモチベートするサービス設計

商品（Product）

「読んで楽しい」と「書いて楽しい」ユーザー体験を提供するメディアプラットフォーム。

ユーザー体験を重視するため、ユーザーの声を聴きながらカイゼンを実施。複数存在する課題から、ユーザーにとって実感のあるカイゼンから優先

的に実行。そのカイゼンとは「作品が届くこと」と「フィードバックが得られること」です。

2019年も年間100件超ペースでサービスのカイゼンを実施しています。

▽サービスカイゼン例
- ・求人ページの埋め込み対応
- ・TikTok動画の埋め込み対応
- ・ソーシャルボタン「noteで書く」の公開
- ・noteの利用度に応じたバッジ機能

価格（Price）

個人向けは、基本は無料で利用可能。有料コンテンツを作成するときは手数料が発生。

法人向けには、オウンドメディアとしての利用や、noteと共催でのコンテストを開催。

また、ユーザー体験が損なわれないように、エディタ画面に広告などは表示させないようになっています。

代わりに、「noteの世界観を壊さないテーマでコンテストを開催」→「ユーザーを巻き込んでコンテンツを作成をする」→「法人にとってはブランディングになるベネフィットを提供」しています。

流通（Place）

主要チャネルは、Webとアプリ、周辺のSNS（TwitterやFacebook）。ただし、それだけに閉じず、最近はテレビにもnoteのブランドが進出。

また、note.comやnote.jpのドメインも購入し、短期的にはSEOの改善を狙う。また、長期的には海外展開を見据えているようです。これらの根底にある目的は、クリエイターの活躍の場を広げることにあります。

実績として、『ビジネスモデル2.0図解』で有名なチャーリーさんに代表されるように、noteのコンテンツ発信から書籍の出版につながっています。さらに、noteで「#全文公開チャレンジ」といった取り組みがされており、noteの認知拡大にもつながっていると考えられます。

広告（Promotion）

noteは、ユーザーによるコンテンツが肝心のCGM（Consumer Generated Media）です。

優れたコンテンツに書き手や読み手となるユーザーが集まり、そこに広告主が集まってきます。プラットフォームであるnoteとしてやるべきことは、健全な創作コミュニティを維持し、ユーザーが投稿しつづける仕組みを作ること。ゆえに、noteはスパム投稿は絶対に許しません。

ちなみに、コスメの口コミサービスのLIPSや、就活サイトのONE CAREERもCGMです。

ここまで、3C分析、ポジショニングマップ、4P分析をもとにnoteを整理しました。最後にnoteの成功ポイントを要約します。

noteの成功ポイント要約

成功要因の言語化（3つのポイント）

すべての意思決定がミッションにヒモづく	ユーザー体験に徹底的にこだわるサービス設計	プロフェッショナルが集まる組織

note成功の裏には確実に、各プロフェッショナルの存在があります。

UXデザイナーの深津貴之さん（2017年10月にピースオブケイクのCXOに就任）や、データサイエンティストのTHE GUILD・安藤剛さん、渡邉真洋さんなどです。

最近は、noteプロデューサーに徳力基彦さん、最所あさみさん、グロース戦略顧問に樫田光さんが就任しています。

これほどまでにプロフェッショナルがnoteに集まるのもひとえに「だれ

もが創作をはじめ、続けられるようにすること」というミッションとそれを実現すべく意思決定を行いつづける組織があってこそだと思います。

マーケティングトレースは以上です。最後にひと言、私も1人のファンとして、かつnoteのおかげでファーストキャリアが決まったものとして、noteには感謝しかありません。世界進出を目指すnoteの今後が楽しみです。

ピースオブケイク #マーケティングトレースのポイント

1. 3C分析から競合サービスとの「差別化要素」を明確に定義していること
2. サービスの成長モデルと運営側が大切にしている思想を理解したうえで仮説を出していること
3. ユーザー視点をマーケティングトレースの中に組み込んでいること

06 名古屋発！　急拡大を続けるコメダ珈琲店のマーケティングトレース

1968年に名古屋で創業し、2019年6月に国内47都道府県に出店を達成したコメダ珈琲店。国内合計860店舗を達成したコメダ珈琲店ですが、さらなる事業拡大を進めているようで、海外展開も進めています。コメダ珈琲店をマーケティングトレースの基本の型に基づいて分析することで、競争が激しい喫茶店業界で成長しつづける秘訣を読み解いていきます。

マーケティングトレース担当：松本 吉史（@matsumotoo988）
編集：黒澤友貴
活用フレームワーク（PEST、3C、STP、4P）

コメダ珈琲店の概要

コメダ珈琲の#マーケティングトレース基本情報

会社名	株式会社コメダホールディングス
業界	喫茶店・コーヒー
代表取締役	臼井興胤
ビジョン・理念	“くつろぐ、いちばんいいところ”を皆さまに
売上／営業利益	15,328百万円
従業員数	360人
トレース目的	喫茶店・コーヒー業界で、なぜコメダ珈琲店は昨年対比増収率が同業他社に比べて高いのか？　※帝国データバンク資料より

財務分析からビジネスモデルを理解する

まずコメダ珈琲店の財務分析を行い、ビジネスモデルの特徴を把握します。IR資料や、NewspicksのSPEEDA連携機能を活用しながら整理していきます。

コメダ珈琲店は売上規模を順調に拡大しています。売上規模の拡大は、つまり店舗数の拡大を意味しています。

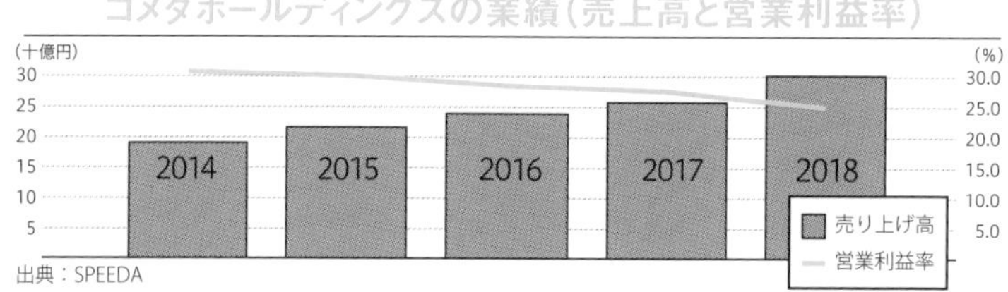

続いて営業利益率から見ていきます。

2019年2月期の実績は、売上収益が30,335百万円、営業利益が7,568百万円です（公開データが連結のみであるため、連結データを用います）。

営業利益率＝営業利益÷売上高×100（%）

上記をもとに計算すると、営業利益率は約24.9パーセントです。経済産業省の統計データによると、飲食店平均で8.6パーセントとのことなので、業界平均と比較して非常に高い数値となっています。

次に貸借対照表を見ていきます。

通常の飲食業の売上であれば「現金及び預金、売掛金」が大きくなります。

コメダ珈琲店の特徴として「のれん」が資産合計の約55.9パーセントと非常に大きな割合を占めています（コメダ珈琲店の貸借対照表（2019年2月28日）より）。

これは、コメダ珈琲店は通常の飲食業と異なり、フランチャイズ店舗売り上げが多いことがわかります。

フランチャイズ契約の要点と概説の資料によると、2019年2月時点だと、コメダ珈琲店の直営店は14店舗、加盟店（フランチャイズ店）は814店舗になります。

コメダの成長の裏側には、フランチャイズの経営・マネジメント手法が影響していると考えられます。

PEST分析

続いて、どんな外部環境がコメダ珈琲店のビジネスに影響を与えているかを分析していきます。市場のマクロ環境を分析するためにPESTから考えてみます。

市場分析（PEST分析）

Politics 政治

- 消費税の増税（2019年10月から）
- 飲食店の喫煙規制が強化（東京オリンピックの影響）

Economy 経済

- 大手コンビニチェーンのドリップコーヒーの提供
- 参入障壁は低いため競争が激しく、新業態の誕生が相次ぐ
- 新興国需要や生産量により変動するコーヒー豆の価格がリスク要因

Society 社会

- 消費者の好みに合わせ、提供方法の多様化（フルサービス型、セルフサービス型）
- コーヒーの進化・消費者の選択肢が多様化→「ファーストウェーブ」「セカンドウェーブ」「サードウェーブ」など

※SDGsの影響もあり、バリューチェーン全体を消費者に公開することが求められる動きがある

Technology 技術

- キャッシュレス決済やタブレットを使ったスクリーンなど、テクノロジーにより顧客体験が変化
- 飲食店向けだけでなく、家庭向け焙煎機の進化

PEST分析からの考察

従来の喫茶店・コーヒー業界以外にも新規プレイヤーが登場しています。

消費者の好みに合わせ、コーヒー店舗の提供方法の多様化が進んでおり、コメダ珈琲店は「フルサービス型」の喫茶店としてポジションを確立できるかどうかがカギになるのではないかと思われます。

3C分析

もう少し具体的な、市場環境と戦略を3C分析をもとに掘り下げてい

きます。

前提

喫茶店業界の多様化が進んでいる。競争者／代替品の数が多く、ユーザーの選択肢が広がっている。つまり、顧客に対するサービス価値を明確に示すことが重要

3C分析：戦略の基本方針

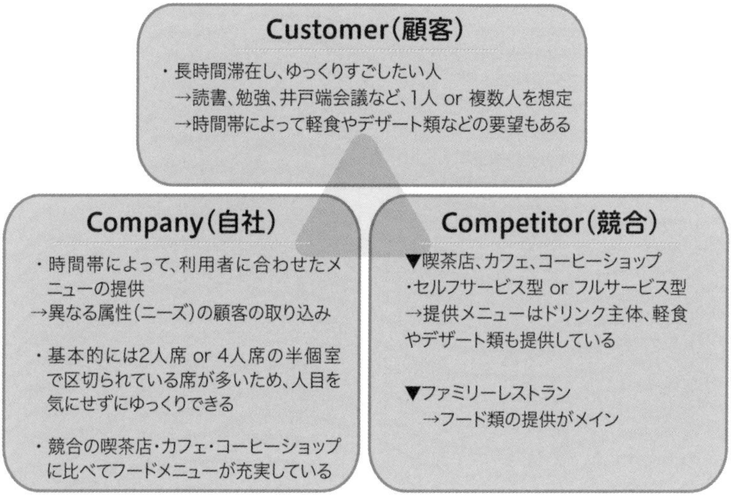

Customer（顧客）

・長時間滞在し、ゆっくりすごしたい人
→読書、勉強、井戸端会議など、1人 or 複数人を想定
→時間帯によって軽食やデザート類などの要望もある

Company（自社）

・時間帯によって、利用者に合わせたメニューの提供
→異なる属性（ニーズ）の顧客の取り込み

・基本的には2人席 or 4人席の半個室で区切られている席が多いため、人目を気にせずにゆっくりできる

・競合の喫茶店・カフェ・コーヒーショップに比べてフードメニューが充実している

Competitor（競合）

▼喫茶店、カフェ、コーヒーショップ
・セルフサービス型 or フルサービス型
→提供メニューはドリンク主体、軽食やデザート類も提供している

▼ファミリーレストラン
→フード類の提供がメイン

3C分析からの考察

利用者が長時間滞在する場合があるが、フード系メニューが充実しているため、ドリンク+フードのセットオーダーの割合が高くなり、コメダ珈琲店は同業他社よりも客単価向上ができている可能性が高い。

STP分析

コメダ珈琲店はスターバックスやドトールなどのコーヒーチェーン店と比較してどのような違いがあるのでしょうか？

STP分析からターゲット層とポジショニングの違いを考えていきます。

セグメンテーションとターゲティング

Segmentation（市場を分ける）	Targeting（コアターゲット決定）
▼人口動態 年齢軸 ▼地域特性 市街⟷郊外 ▼嗜好性 現代的⟷レトロ ▼行動特性 新規⟷リピーター 滞在時間が長い⟷短い	・年齢：40代以上 ・立地：ロードサイド ・来店動機：目的来店 ・行動特性❶：リピーター ・行動特性❷：滞在時間は長い （顧客単価は高い）

コメダ珈琲店のターゲット特徴（仮説）

・年齢：40代以上がメイン
・立地：ロードサイド
・来店動機：目的来店
・行動特性①：リピーター
・行動特性②：滞在時間は長い（顧客単価も高い）

ポジショニング

ポジショニングマップで次のように整理することができます。

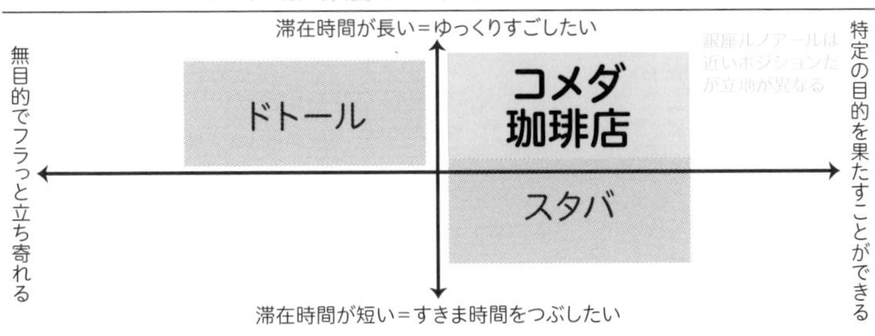

フルサービス喫茶店であり、リピート顧客が多く、顧客1人当たりの単価も上げつづけていることがコメダの特徴であることがわかります。

4P分析

さらに、4Pのフレームワークを活用して比較分析をすることで、コメダ独自のポジショニングを築くことができているポイントを抽出していきます。

4P分析：マーケティングミックス

サービス名	コメダ珈琲店	スターバックスコーヒー	ドトールコーヒー
顧客	20代以下が27%、60代以上が28%と、若者と年配者が過半数を占めるのに対して、30代、40代、50代はそれぞれ10%台	若い世代が中心（20代と30代が47.9%を占める）	30代〜60代まで各世代で20%前後と、幅広い層が利用
Product（商品）	実店舗でのサービス 新業態 →コメダスタンドなど ブランドビジネス →「パイの実　小倉ノワール」「コメダ珈琲店カフェモカ」など	実店舗でのサービス 物販 →コーヒー豆／茶葉および関連器具、グッズ、ギフトカード ※物販は地域コラボ商品があるなど、かなり充実している	実店舗でのサービス 物販 →コーヒー（豆、リキッド、インスタント）など ブランドビジネス →コンビニエンスストア、量販店向け商品の展開など toB向けサービス
Price（価格）	コメダブレンド： 430〜550円	ドリップコーヒー： 290〜410円	ブレンドコーヒー： 220〜320円
Promotion（広告）	シロノワール、ケーキなど新商品の訴求キャンペーン 「進撃の巨人」コラボキャンペーン ニコニコ　バレンタインキャンペーン 名古屋、東京、大阪でコメダ部の活動を拡大	ラテ、フラペチーノなど、新商品訴求キャンペーン（企業、イベント、アーティストなどとのコラボもある） モバイルオーダー&ペイ 物販、店舗来訪キャンペーン	ドトールバリューカードキャンペーン タピオカドリンクやフードなど新商品訴求キャンペーン おいしい夏のバリューくじキャンペーン
Place（立地）	もともとはロードサイド中心→徐々に市街中心部に出店 828店舗（うちフランチャイズ814店舗）	もともと大都市中心であったが、地方への出店も増加している（地域密着型店舗） 1458店舗（うちライセンス店舗は115）	駅前を中心に展開、路面店だけでなく、駅構内、商業施設、病院、書店併設など人通りが多い場所 1105店舗（うちフランチャイズ915店舗） ※同系列の星乃珈琲店、エクセルシオールカフェとの棲み分けをしている

Product（商品）の特徴に注目して見てみます。

スターバックスやドトールはドリンク系の新商品訴求キャンペーンが多いが、コメダ珈琲店ではフード系が多い。

つまり、店舗での商品オーダー率が競合店と比べて、フード系の構成比が高い可能性があります。

次に出店（Place）戦略について深掘りしていきます。

コメダ珈琲店の第1店舗目は名古屋市である。愛知県が創業の地であり、クルマ社会であるため、出店数の増加を目的として「ロードサイド中心」に店舗展開をした可能性が考えらます。

元々は全国展開するコーヒーチェーン店は都市の中心部に店舗をかまえる傾向が強く、ロードサイド店舗がホワイトスペースとなっていたのではないでしょうか。

〈ロードサイド店舗が中心の珈琲店〉

珈琲屋らんぷ（2001年創業）
元町珈琲（2004年創業）※現在の運営会社には2008年に事業移譲
星乃珈琲店（2011年創業）
ミヤマ珈琲店（2012年創業）
高倉町珈琲（2014年創業）
倉式珈琲店（2015年創業）

※コメダ珈琲店の成功後にロードサイド店舗でチェーン展開している企業が多く、コメダ珈琲店の成功事例により広まった可能性もある。

4P分析からの考察

コメダ珈琲店の平均客単価を見ると、ほかのコーヒーチェーン店舗と比べて高く、時間帯での売り上げが均一化されており、1日単位で見ると、店舗に効率よく顧客を呼び込めていることに成功しています。

この要因として、フードメニューの提供方針、立地と営業時間などの店舗運営方針がほかの喫茶店ブランドとの違いを出していることが影響していると考えられます。

成功要因まとめ

❶ ポジショニング

競合が避けていた地方×ロードサイド店舗で成功事例を作り、フランチャイズ展開しやすいポジショニングを確立した

❷ フランチャイズ経営と品質コントロール

フランチャイズ店への卸売業を主事業とすることで、安定した売上構成・高利益率体質の経営を行っている。

※フランチャイズ店比率を高くした場合に、品質がコントロールしにくいリスクが発生するが、定量的な検知&店舗QSCレベルを引き上げる仕組みを構築

❸ サービスコンセプトと客単価コントロール

サービスコンセプト「"くつろぐ、いちばんいいところ"を皆さまに」を実現することで、フードのオーダー率が上がり、結果的に客単価が上がる循環を作り出した。

コメダ珈琲 #マーケティングトレースのポイント

❶ 財務分析からビジネスモデルを理解していること

❷ コメダ珈琲の顧客特性と、顧客への提供価値を4P分析から読み解いていること

❸ ほかのコーヒーチェーンとの違いが明確にポジショニングマップに落とし込まれていること

07 大阪を代表するお菓子メーカー、グリコのマーケティングトレース

みんな大好きグリコのお菓子。ポッキー、ビスコなど、日本人であれば誰もが1度は食べたことがあるのではないでしょうか。また、大阪の道頓堀にあるグリコサインは観光名所にもなっていますね。この日本を象徴するお菓子メーカー、グリコは、どのようなマーケティング戦略をとり、現在のブランドイメージを確立したのでしょうか。マーケティングトレースから読み解いていきます。

※マーケティングトレースは大阪でもコミュニティを作っており、関西の代表的な企業を分析するミートアップを月1回開催しています。

マーケティングトレース担当：寺田彩乃
編集：黒澤友貴
活用フレームワーク（PEST、4P）

江崎グリコの概要

グリコの#マーケティングトレース基本情報

会社名	江崎グリコ株式会社
業界	食品
代表取締役	江崎勝久
ビジョン・理念	「おいしさと健康」
売上／営業利益	350,270百万円（連結：2019年3月末現在）
従業員数	5381人（連結：2019年3月末現在）
トレース目的	ロングセラーを生み出し、国民に愛されるブランドを築いた背景を理解する

私が風邪を引いたときによくお世話になるのがこちらのヨーグルトです。

学生の頃によく朝の食卓に出ていました。変わらぬおいしさ。実はグリコのロングセラー商品の1つです。江崎グリコは、日本のお菓子メーカーの売り上げランキングで第2位！　大阪が誇る素晴らしい企業です。

〈お菓子メーカーの売上高ランキング　トップ10〉

順位	企業	売上高
1位	カルビー	2515億円
2位	江崎グリコ	2128億円
3位	森永製菓	2050億円
4位	明治HD	1330億円
5位	ブルボン	1176億円
6位	不二家	1059億円
7位	亀田製菓	995億円
8位	井村屋グループ	450億円
9位	寿スピリッツ	373億円
10位	湖池屋	322億円

出典：業界動向サーチ 菓子業界　売上高ランキング（2017〜18年）
※　江崎グリコは菓子＋冷菓事業、明治HD、井村屋は菓子事業の売上高

江崎グリコのマーケティングトレースから、ロングセラーを生み出す秘訣を読み解いていきます。

なぜ江崎グリコをマーケティングトレースするのか？

- 単純に筆者（寺田）が好きな会社だから
- 1922年創業で、100年近く支持されつづけてきたのには理由があるはずなのでそれを探りたい
- せっかく大阪に住んでいるので、大阪の企業のことをもっと知りたい

4P分析で販売当初のマーケティング戦略を読み解く

江崎グリコは「マーケティング」という言葉が日本で使われるようになる前から「マーケティングが超絶うまかった!」と言いたくなるくらい、創業当時からマーケティングがとても上手です。

創業当初(1922年)に発売された栄養菓子「グリコ」のマーケティングを4P分析でトレースしてみました。

商品(Product)について

商品(Product)

それまでになかった「栄養菓子」	他社は黄色いパッケージが多い中で赤いパッケージを採用
子どもの食べやすさを考え、想いを形にしたハート型	小学生へのイメージ調査をもとに「ゴールインマーク」を採用

❶ それまでになかった「栄養菓子」

キャラメルに牡蠣(かき)エキスを加え、グリコーゲンにちなんで「グリコ」と名づけ“栄養菓子”として売り出しました。発売当時「栄養菓子」というものはほかになく、グリコが元祖。

牡蠣のパワーを確信し、薬としての活用を考えていた江崎に、ある医者がアドバイスをしました。「病気になった人を治すよりも、病気にかからない体を作ることが大切。予防こそが治療に勝るのだ」。

その言葉にハッとした江崎は、子どもたちが大好きなお菓子を食べながら、健康を促進できるようなお菓子を作ろうと決意。キャラメルに牡蠣エキスを加え、グリコーゲンにちなんで「グリコ」と名づけ“栄養菓子”として売り出したのです

出典：グリコのWebサイト記事

「甘〜いお菓子のパワーの素は、大人の味・

牡蠣エキスだった！」
https://www.glico.com/jp/enjoy/contents/glicogen/）

「少子高齢社会」になり、ようやく重要視されだした「予防医療」という考え方。グリコはすでに100年近く前から取り入れていたんですね。

❷ 他社と差別化するための赤いパッケージ

他社が森永製菓のキャラメルを真似して黄色いパッケージが多かった中、グリコは目立たせるために赤いパッケージを採用しました。

❸ イメージ調査をもとに「ゴールインマーク」を採用

ターゲットである小学生たちに直接アンケートをとり、それをもとに一番印象のよかった「ゴールインマーク」を採用しました。

当時、利一は「栄養菓子グリコ」のロゴマークについて悩んでいて、いつものようにこの神社に参拝して、石に腰を下ろしてたところ、お宮の馬場で大勢の子どもがかけっこをしているのを目にします。真っ先に立ったこどもがゴールに入る際、胸を張り両手を上げて、英姿颯爽といったフォームをしていました。
「人は誰でも健康を望んでいる。健康を望む以上は、スポーツをやる。スポーツは永久に愛好される。この運動の姿を商標（ロゴマーク）に入れるべきではないだろうか」。近くの芙蓉小学校で象やペンギン、花などとアンケート調査を実施した結果、このゴール・インのポーズがトレードマークに決まりました。
出典：グリコのWebサイト記事
「ここがあのポーズの発祥の地!!　Glico社員が創業者ゆかりの地「佐賀」をリポート」

https://www.glico.com/jp/enjoy/contents/sagaseichi/）

❹ 子どもの食べやすさを考え、想いを形に

キャラメルといえば四角というイメージですが、子どもが食べるのであればもっと口あたりのよい形がよいのではないかと考え、試行錯誤の上「ハート型」のキャラメルを実現しました。

健康を思いやる真心を表し、角のない形で口あたりを良くしようとハート型を思いついたらしいのですが、当時の技術では、やわらかいキャラメルをハート型にするなんて至難の業！　それでも「ハート型ローラー」を自社で開発して製造にこぎつけたそうです。

出典：グリコのWebサイト記事
「企業名トリビア　「Glico」の社名の由来」
https://www.glico.com/jp/enjoy/contents/glico02/

流通（Place）について

流通（Place）

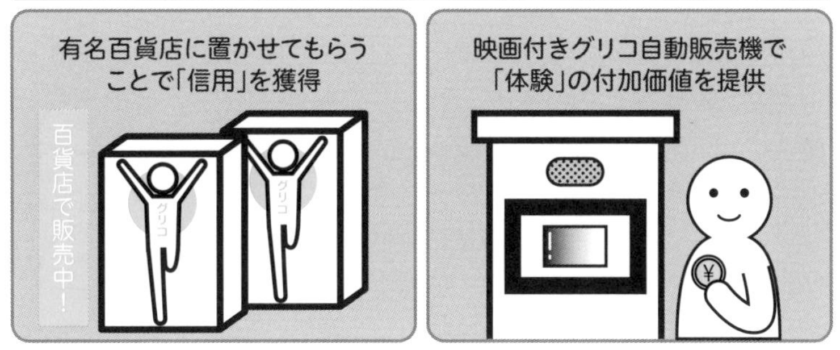

❶ 有名百貨店

実はグリコの創業者江崎利一さんは大阪ではなく佐賀県出身。

九州から出てきた知名度もない会社の商品を売るにはどうすればいいかと考えた結果、「有名百貨店に置いてある」と言えば買ってもらえるのではないかとひらめいた江崎さんは三越百貨店に交渉。

何度も何度も頼み込み、最終的に百貨店の担当者が根負けして置いてもらえることになったそうです。流通チャネルの拡大には、創業者の努力があったのです。

❷ 映画つきグリコ自動販売機を東京の百貨店などに設置

当時は行列ができるほど人気だったそうです。

値段も店頭で買うより2銭安く、しかも6箱買ったら映画が最後まで観られるオマケつき。

販売とプロモーションを兼ねた魅力的な施策です。

価格（Price）について

価格（Price）

森永のミルクキャラメルよりも同じか若干安い

大正10年	昭和24年
森永製菓ミルクキャラメル 18粒10銭	森永製菓ミルクキャラメル 16粒20円
グリコ 10粒5銭	グリコ 8粒10円

大正10年に、競合の森永製菓のミルクキャラメルが18粒10銭だったのに対し、グリコは10粒5銭。

昭和24年には、競合の森永製菓のミルクキャラメルが16粒20円だったのに対し、グリコは8粒10円。

森永よりも同じないし、若干ですがお安くなっています。

出典：Webサイト「戦後昭和史」収録
「キャラメルの価格推移」
https://shouwashi.com/transition-caramel.html）

広告（Promotion）について

広告（Promotion）

道頓堀のネオンサイン

試食の配布

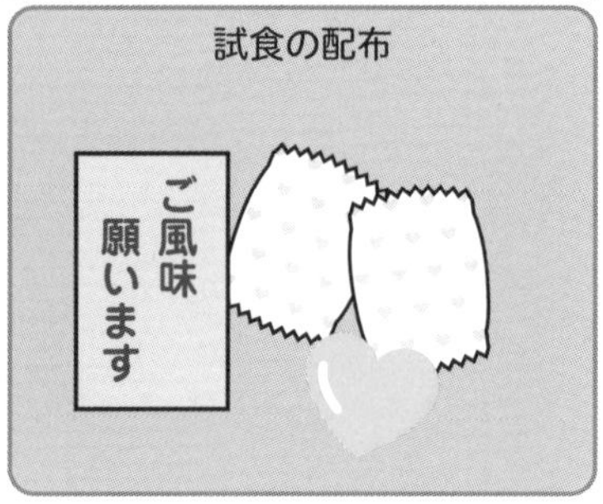

❶ ネオンサイン

グリコといえば、なんといってもこれです。

このグリコのネオンサインを設置する際、創業者の江崎利一さんは下記のことにこだわってあの場所に決めたのだそうです。

イ．通行人が多いから効果があると云ふ訳には行かぬ
ロ．気が急いで通るより、見物する様な気分でゆっくり歩いて通る所の方が効果が高い。
ハ．光を見せるものは夜の方がよいから
≪夜間通行者の多い場所が効果的≫
ニ．通行者は全国的な人であれば尚、宜しい。
引用：大阪商業大学総合交流センター
講演会レポート「挑戦し続けるグリコの「創意工夫」」

https://ouc.daishodai.ac.jp/general/est_training/entre/lecture/vol_26.html

こだわりがすごい。90年以上経つ現在でも同じ場所にあるわけですが、このネオンサインは自社ビルのため広告掲載費はゼロ円とのことです。
素晴らしい広告効果を生み出しています。

❷ 試食の配布

小さな袋にグリコを2粒入れ「ご風味（味見）願います」と書いて配布しました。現在の試食サンプルです。その後は2粒1銭、4粒2銭の有料試食の商品も試しています。
引用：大阪商業大学総合交流センター　講演会レポート
「挑戦し続けるグリコの「創意工夫」」

まだA/Bテストという言葉もなかった時代から、この試食サンプルをさまざまなバリエーションで試していたことは、マーケティング思考を持って事業を作られてきていることの表れだと思います。

このような江崎利一さんの細やかな「創意工夫」があったから、グリコはここまで大きくなったことがわかりますね。

PEST分析から現在の事業環境を読み解く

さて、創業時の振り返りはこのくらいにして、ここからは昨今のグリコのマーケティングをトレースしていきます。

まずはPEST分析でグリコを取り巻く環境をマクロに見ていきます。

P：Politics／Political（政治面）

❶ 男女共同参画社会の推進

乳児用液体ミルクの国内での製造販売が2018年8月に解禁

❷ 国民健康づくり運動「健康日本21（第2次）」

基本戦略：ハイリスク戦略とポピュレーション戦略を両方活用する

生活習慣病予防のための戦略には、ハイリスク戦略とポピュレーション戦略の2つがあります。ハイリスク戦略は、ハイリスクの人を早期に発見し早期に改善するもので、特定健診・特定保健指導もこれにあたります。（一部割愛）

一方、集団全体を良好な方向に動かす戦略がポピュレーション戦略です。たとえば、会社全体で食塩摂取量を減らして、従業員全体の血圧の平均値を下げるというような対策です。会社全体に対して普及啓発や環境改善を行うような対策が含まれます。環境が変わって、みんなで同じことをしますので、個人の努力は少なくてすみます。

出典：健保連大阪連合会

「生活習慣病予防の考え方と医療費への効果」

https://www.kenpo.gr.jp/osaka/kakehasi/478/semina.htm

❸ 働き方改革実行計画

01. 時間外労働の上限規制……時間外労働の上限規制が導入
02. 年次有給休暇の時季指定……年5日の年次有給休暇の確実な取得が必要
03. 同一労働同一賃金……正規雇用労働者と非正規雇用労働者との間の不合理な待遇差が禁止に

❹ 観光立国推進基本計画

- ビザ緩和
- 免税制度の拡充
- 出入国管理体制の充実
- 航空ネットワークの拡大

E：Economy／Economical（経済面）

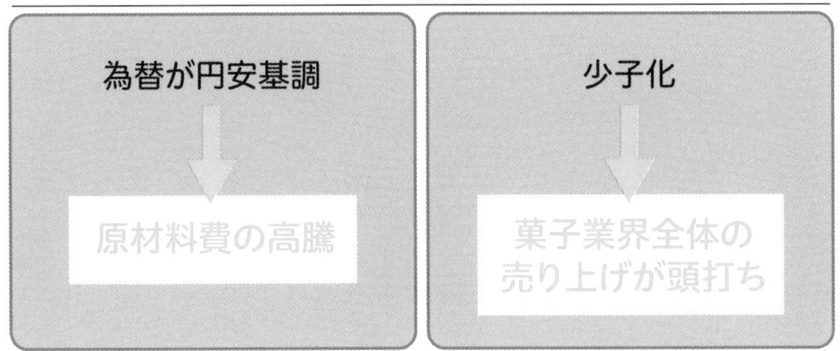

為替が円安基調になっているため、原材料の多くを海外から輸入している菓子業界にとっては逆風。

また、少子化のため国内の菓子業界全体の売り上げも頭打ち傾向。

S：Society／Social／Cultural（社会／文化／ライフスタイル面）

① 少子高齢社会

少子化により従来メインのターゲットだった子どもが少なくなっていく。

② 糖質制限ブーム

ダイエットのトレンドがカロリー制限から糖質制限へ。

お菓子人気にかげりが……。

③ 共働き夫婦が増加

夫婦間での家事や育児の分担が課題に。

※18歳未満の子どもがいる男性の家事・家族ケア分担率の割合で、日本は最下位

※総務省統計局の「労働力調査（基本集計）」の2016年平均の結果によると、夫婦がいる世帯のうち共働き世帯の割合は48.4%、夫婦のうち夫だけが働く世帯は26.4%、妻だけが働く世帯は4.1%、夫婦ともに無職の世帯は21.1%

④ 外国人観光客が増加

円安の影響もあり外国人観光客が増加傾向。

※2018年に日本を訪れた外国人観光客は3000万人を突破。

※参照：トラベルボイス

「【図解】2018年の訪日外国人数は8.7%増3119万人に、自然災害による落ち込みは回復傾向（直近10年比較グラフ付き）」

https://www.travelvoice.jp/20190116-124679

⑤ 自然災害が増加

日本は、地震、台風、豪雨、大雪、火山の噴火といった自然災害が増加傾向にある。

T：Technology／Technological（技術面）

① 携帯電話・スマートフォンの普及

② SNSの普及

③ 多言語対応技術の発達

④ 東南アジアで冷凍物流システムの構築が進む

上記の「携帯電話・スマートフォンの普及」「SNSの普及」「多言語対

応技術の発達」については、今さら説明するまでもないでしょう。なお、「東南アジアで冷凍物流システムの構築が進む」については後述します。

2000年以降のグリコのマーケティング

上記のPEST分析と、2000年代に入ってからのグリコのマーケティング施策を照らし合わせて見ると、次の3つのポイントが浮かび上がってきました。

もし自分がCMOだったら、この3つの成功要因をさらに強化していく方針を打ち出します。

グリコは差別化をしにくいお菓子市場で、創意工夫をすることで市場シェアを獲得しており、現段階での強みを活かした戦略をとるとよさそうです。

3つのポイント

❶顧客との接点の多様化

❷消費者ニーズへの迅速な対応

❸海外展開

グリコのマーケティング成功要因3つのポイント

1. 顧客との接点の多様化
2. 消費者ニーズへの迅速な対応
3. 海外展開

❶ 顧客との接点の多様化

少子化にともないお菓子の市場が縮小していくことが予想される中で、どのようにして売り上げを伸ばしていくのか。

そこでグリコがとった戦略が「顧客との接点の多様化」です。

ここではグリコの代表商品である「ポッキー」を例にとって、どのように顧客との接点を多様化していったのかを見ていこうと思います。

01.オフィスグリコ

BOXや冷凍冷蔵庫から商品を取り出し、代金を貯金箱に投入するシステムです。オフィスでのリフレッシュメントに注目して、「置き薬」ならぬ、「置き菓子」という新たな市場を創造しました。

意外にも、普段あまりお菓子を買わない男性が、それなりの頻度でオフィスグリコを利用してくれているそうです。オフィスグリコでお菓子を買う習慣がついた男性が、コンビニなどでも購入するという流れができているようです。

導入企業数が11万社を超え、ボックス数も13万個以上になっています。また、売上高は53億円にも達しています（2016年時点）。

2007年にはビジネスモデル特許も取得し、競合が真似できない基盤を作り上げました。

参考：2014年8月プレスリリース

「オフィスグリコ編　新たな食シーンを開拓した創意工夫と「これから」」

https://www.glico.com/jp/newscenter/pressrelease/8281/

02.バトンドール

高級版ポッキーの「バトンドール」を大阪、京都、神戸、福岡の百貨店および空港でのみ販売しています。

普段はポッキーを食べない人たちにも買ってもらい、興味を持ってもらう、あるいは、子どもの頃には食べていたが最近はポッキーから離れているという大人に思い出してもらう狙いがあります。

5億円という当初の年間売り上げ目標は半年で達成し、行列が絶えないほどの人気ぶりだそうです。

03.ぐりこ・や

ぐりこ・やでは、お土産やパーティーなどにぴったりな「ジャイアントポッキー」というビッグサイズのポッキーを販売しています。

また、お土産を買いに来る外国人観光客も多く、ここで「ポッキー」を知った外国人が自国に帰ってからグリコのポッキーに再会して購入する、という流れも考えられているようです。

成功事例として有名な上記以外にも、次のような顧客接点多様化の施策を進めています。

- ポッキーでプログラミングができるスマホアプリをリリース
- ファンサイトを運営
- グリコデザインのワゴンを走らせる
- 「グリコピア」などの体験スポットを作る
- 「Pocky地元応援プロジェクト」と称してポッキーをからめたクラウドファウンディングをする

接点を増やすことに対する「チャレンジの多さ」は、創業者の江崎利一さんの「創意工夫」の精神が今でもしっかり受け継がれている証拠だろうなと感じました。

❷ 社会のニーズにいち早く対応

グリコがいち早く社会のニーズを捉えて動いたのが次の2つです。

01. 糖質制限ブーム
02. 液体ミルク

理念を「おいしさと健康」としているだけあって、社会の「健康」に対する意識の変化に敏感に対応しています。

また、共働き夫婦の増加と自然災害の増加による「液体ミルク」の需要の高まりにも即座に対応しました。

01. 糖質制限ブーム

- 低糖質アイス
- アーモンドミルク

この2つに市場に関しては今やグリコの独壇場になっています。

低糖質アイス「SUNAO」

低糖質アイス「SUNAO」は「カロリーコントロールアイス」だったものをリニューアルした商品です。

以前はカロリーオフを全面に出したパッケージだったものを、「糖質50％オフ」が目立つようにデザインをリニューアル。機能性食品っぽかったイメージを「オーガニック系・ナチュラル系」で「ちょっと高級感もある」イメージに。

「SUNAO」というブランド名を認知してもらうことで、アイス以外のビスケット類にも同じブランド名を活用できるようになりました。

アーモンドミルク「アーモンド効果」

「アーモンド効果」は、もともとアーモンドとの縁が深いグリコが、「栄養価の高いアーモンドを飲料にすることで毎日手軽に摂れないか」という思いから、長年にわたりチョコレートや牛乳・飲料の分野でつちかってきた技術とノウハウを活かして開発した新しい商品です。

アーモンドミルクの糖質は、なんと牛乳の15分の1、豆乳の6分の1！

しかもそれでいて美肌によいとされている「オレイン酸」や「ビタミンE」、女性に不足しがちな「ミネラル」、そして「食物繊維」などが豊富に含まれており、美意識の高い女性にとても人気です。

7月にはカフェとのコラボ企画なども。

オンライン／オフライン両方から美容や健康に関心の高い女性に対してアプローチをしています。

02.液体ミルク

グリコは、子どもを持つ親御さんたちから「早く日本でも手に入るようにしてほしい」という要望の多かった液体ミルクを一番最初に発売しました。

実はグリコは子育てサポートのアプリも開発していたり、母子健康協会も設立しており、創業時からずっと健康、特にその中でも子どもの健康について力を注いでいます。

❸ 海外展開

グリコは2019年現在12カ国に拠点を置き、海外展開をしています。

「まっすぐ細いプリッツエルを製造する」というのは日本の高い技術力があってこそ実現が可能なため、ポッキーやプリッツは海外でも競争力の高い商品となっています。

また、東南アジアで冷凍物流システムの構築が進んだことで、まずはタイから、次はインドネシアへとアイスクリーム事業の展開も進んでいます。

まとめ

今回、江崎グリコのことを調べれば調べるほど、「この会社、好き！」となりました。

マーケティングトレースをしてみて、グリコは「おいしさと健康」の理念と、「創る・楽しむ・わくわくさせる」のスピリッツが隅々まで行き渡っているのがわかったからです。100年近く愛されているのにはちゃんとした理由があるわけです。

創業者、江崎利一さんの「おいしさと健康」へのこだわりと「創意工夫」の精神が97年間ずっと継承されている点が素晴らしい。

ここまで理念とマーケティングを一気通貫できていると、安心して商品を買うことができますね！

言っていることとやっていることがブレない！

そして、いつも楽しませてくれる！

これからもマーケティング戦略を学びながら、たくさんグリコ製品を食べようと思います。

グリコ #マーケティングトレースのポイント

1. 企業の歴史からつちかわれた文化とマーケティング戦略の関係性を読み解いていること
2. 各ブランドに共通している「強み」が特定されていること
3. 時代の変化を読み解き、今後の事業やマーケティングに求められる仮説を出していること

08 音声メディアスタートアップRadiotalkのマーケティングトレース

Radiotalkは2017年8月に株式会社エキサイトの新規事業としてスタートしたスタートアップです。2019年XTech株式会社と協業してRadiotalk株式会社が設立され、現在にいたります。製品版サービス公開から、わずか1年でアクティブユーザー数は10倍以上になり、2019年5月には約1億円の資金調達を実施するなど、非常に勢いがあるサービスです。急成長する音声メディアの中で、魅力あるサービスを提供するスタートアップの戦略をマーケティングトレースから読み解いていきます。

マーケティングトレース担当：當摩征也（@seiya_TA05）
編集：黒澤友貴
活用フレームワーク（5Forces、SWOT、STP、4P）

5Forces分析から音声メディア業界構造を理解する

まず業界構造や競合との力関係を、5Forces分析から読み解いていきます。

5Forces分析：業界構造の理解

売り手	中央	買い手
売り手 トーカー （アクティブ層）	新規参入 NewsPicks 動画・Webメディア	買い手 リスナー
	直接競合 Voicy、スプーン、Radiko、 Podcast、ヒマラヤ	
	代替品 テレビ、YouTube	

初めに音声メディア市場の全体像を把握していきます。

アメリカではPodcastの視聴者数は年々増加し、広告市場は2020年までには724億円にまで増加すると言われています。

参考記事:Voicy Journal

「音声市場は世界が注目する急成長分野！～直近2年間で大型資金調達を行った世界の音声ベンチャー企業たち～」

https://journal.voicy.jp/post-4024/

音声コンテンツに参入する企業は多く、競争環境は激化しています。Voicyは音声メディアとして認知度が高く、利用ユーザーも多い印象があります。

また、オーディオブックやYoutubeなどの動画コンテンツも耳の可処分時間を奪い合うことから競合といえます。

経済ニュースサイトNewsPicksは以前から動画コンテンツに力を入れており、筆者（當摩）の友人の中には、通勤中にWeekly Ochiaiを聞いて会社に向かうという人もいます。最近、同社は音声配信にも取り組んでいるようで、注目すべき存在だと考えられます。

SWOT分析から戦略の全体像を整理

次にRadiotalkの特徴についてSWOT分析を用いて読み解いていきます。

SWOT分析

Strength（強み）	Weakness（弱み）
誰でも簡単に配信できる 複数にまたがる ジャンルを楽しめる	パーソナリティによって 配信の質が異なる リスナーのターゲット層があいまい
Opportunity（機会）	**Threat（脅威）**
ながら○○需要	動画やその他 コンテンツの発展

Radiotalkの強みは「配信者のジャンルが多岐にわたる」と「誰でも簡

単に配信ができる」の2点でしょう。

Radiotalkの配信者は一般人から芸能人・著名人までさまざまです。一般人の配信コンテンツの中にもクオリティが高く、思わず聴き入ってしまうものもあり、非常に興味深いです。

無名・有名関係なく、「ラジオを配信したい！」という人なら誰でもパーソナリティになれるのは素晴らしいことです。Twitter、Instagram、Youtubeで人生が変わった人がいるように、声で世の中に見つけられるきっかけを提供するプラットフォームといえるでしょう。

STP分析から戦略土台を整理

Radiotalkの想定ユーザーをSTP分析で洗い出します。

Segmentation（セグメンテーション）

対象市場は音声配信プラットフォームと定義します。

Targeting（ターゲティング）

音声をコミュニケーションツールとして用いたい人。

さらに詳細を考えると、下記のような特徴がある人と定義します。

- トーカーのファン
- エンタメ系・素人の配信を聞きたい
- 自然体な配信を好む層

Positioning（ポジショニング）

配信・再生のハードルを低く楽しみたい人たち、ラジオのように音声で配信したいがハードルが高くて利用できない人たち、あるいは空いた時間に気軽に音声を楽しみたい人たちのためのサービスです。

4P分析から価値の届け方を整理

ここまでの分析を踏まえて、4P分析をするとサービスの理念がより深く理解できます。

マーケティングミックス（4P分析）

Product（商品）	Price（価格）
無名の一般人から芸能人、ビジネスパーソンまで幅広いトーク 差し入れ機能やテロップシェアなどユニークな機能	無料
Place（流通）	**Promotion（広告）**
オンライン上で完結 ポッドキャストにも配信可能	テロップシェアでUGC発生をうながす 積極的にUGCに反応 社員さんのSNS上での活発な発信

特に注目すべきはProduct（商品）とPromotion（広告）です。

この2つの特徴により、SNSでシェアがされたり、コミュニティが形成されやすい仕組みが作られています。

機能面でいえば、「テロップシェア」がその代表です。

これは「トークの好きな部分を切り取り、12秒のテロップ動画にしてシェアできる」機能です。

音声という聴覚で受け取るものを、あえて可視化して、視覚で受け取るプラットフォームになじむよう工夫されています。SNS上でタイトルとURLだけをシェアされても、トークの再生にはいたりにくいという課題を解決するために開発されたそうです。

実際、筆者はこの機能がローンチされたときには感動して、好きなトークのテロップシェアを各SNSで垂れ流してました。

また、公式アカウントとRadiotalkの社員の方々が活発に発信している点も特筆すべき点です。公式アカウントはリスナーのUGCに積極的にアクションを行っています。さらに代表の井上佳央里さんやサエキミルテさんも個人アカウントでアクションやリプライなどをしてくれます。運営の方からアクションをもらえるとユーザーとして非常にうれしく、シェアする動機になります。

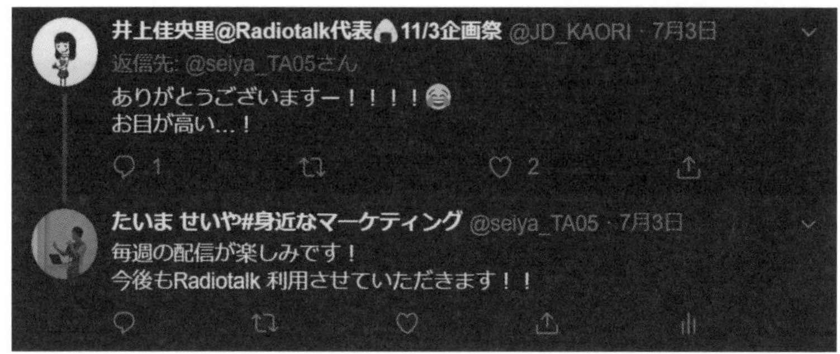

　Radiotalk はVoicy などと比べるとエンタメ系のトークが多く、気軽に聴きやすいのが特徴です。イメージは休日のお昼や深夜にしっぽりと聴きたいラジオです。ただ、ビジネス系のトークもあるため、幅広いジャンルを網羅しているともいえます。

　これを踏まえ、競合サービスのVoicy、SPOONと比較したポジショニングマップを考えると次のようになります。

ポジショニングマップ

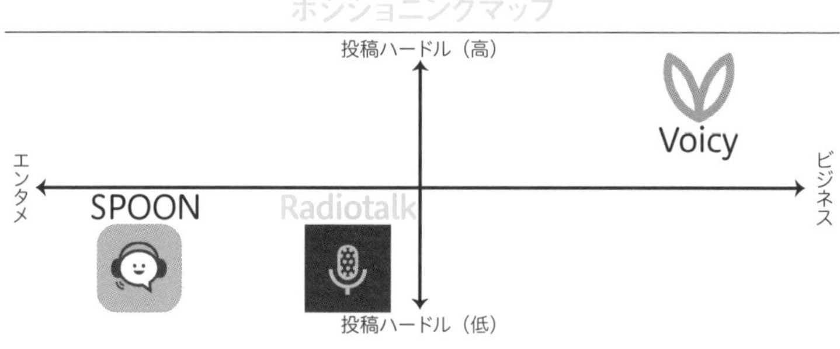

　投稿ハードルが低く、エンタメ、ビジネスを問わず幅広い層が利用できるサービスだとわかります。

Radiotalkの魅力ポイントまとめ

・世の中に埋もれている「声・話」が発掘されるチャンスを提供している
・ジャンルを問わず、好きな配信を気軽に投稿できる
・リスナーは自分好みにパーソナライズされたトークを聴ける

Radiotalkはトーカー、リスナーを含め、ユーザー目線でプロダクト開発がされている点がユーザー数増加の最重要ポイントだと考えられます。

もし自分がRadiotalkのCMOだったら

ここからは自分がCMOだったらという目線でマーケティング施策を提案します。

ここまでの分析で筆者は以下の仮説にたどりつきました。

「RadioTalkは音声版Twitterを目指している」

Voicyなどほかの競合サービスと比較するとRadiotalkはリスナーとトーカーの垣根が低く設定されているように感じます。配信者と受信者を明確に分けず、誰でもスマホ1つで配信できるプラットフォームを意識して設計されています。

ゆえに、CMOとして考える施策はユーザーの「リスナーからトーカーへの変容」に重点が置かれる必要があります。

いったん、自分の施策を提案する前にあらためてRadiotalkのマーケティング施策を整理します。

現在の施策を整理する

現在行われている、リスナーの態度変容を促す施策は定期開催される「イベント」です。アプリ内で「○○トークバトル」や「お題トーク」といったトーク配信企画が催されます。

現在、開催中の「芸人からのお題トーク」はお笑い芸人のハナコさん、カミナリさんから出題されたお題に沿ったトークを配信する企画です。注目は配信するトークの長さが1分以内と制限されていることです。

トーカーになり切れない、リスナーの心理に「自分の番組で配信を行う際は少なくとも5分くらいは話さないとな……」といった心理的ハードルがあり、配信に足踏みする人も少なくないでしょう。

テーマが明確に設定され、配信も1分以内であれば気軽に配信しやすく、より多くのトークが配信されると予測できます。

私が考える施策

この現状を踏まえ、私が強化したいポイントは2つです。

❶ そもそものユーザー数を増やすこと
❷ 既存ユーザーのエンゲージメントを高めること

1点目から説明します。

ユーザー数を増やすために、Twitter上で広告を打ち、認知度を上げます。非常に単純な施策ですが、Radiotalkの認知度を上げるには一番効果的だと考えます。

少額で運用可能なうえ、Radiotalkがターゲットとするユーザー層とTwitterユーザーが重なること、同社がメインで運用しているSNSがTwitterであることからTwitter広告を選択しました。

2点目はリスナーとトーカーを集めたオフラインイベントを行います。

自分が好きなサービスの運営者や著名人はユーザーにとって憧れの存在です。オンライン上のイベントやコミュニティだけでなく、実際に顔を合わせるイベントを定期的に行い、リスナーのRadiotalkに対する愛着を強くします。

その場でトーク体験会などリスナーが自分で配信できるきっかけ作りを行うことで、リスナーからトーカーへの態度変容をうながします。

まとめ

以上でRadiotalkのマーケティングトレースは終了です。音声メディアはこれからさらに伸びること間違いなしです。RadiotalkやVoicy以外にも音声を使ったメディアが続々登場しています。各サービスの今後の施策にも注目です。

創業者 井上佳央里氏（Radiotalk 代表取締役）のコメント

ズバリ、運営側の意図と合致するのが「Radiotalkがターゲットとするユーザー層とTwitterユーザーが重なる」点、ビンゴです。

ただマネタイズよりユーザー獲得を最優先するフェーズの場合、効果的な広告出稿は難易度が高いかもしれません。なのでオーガニックの新規獲得を重視しています。

施策案はたとえば、明らかにニーズがある「コメント」などコミュニケーション要素を入れないこと。かつTwitterにシェアできるダイアログを多めに用意すること。

これによってコメントがほしい配信者はTwitter上にシェアするようになり、外部からの導線を増やすことができます。これは確実な流入が確保できたときに、エンゲージメントを上げるために必要な要素へと変わっていきます。

ちなみに、現在のRadiotalkではセグメンテーションを「自己発信サービス全般」として、YouTubeやnoteも含めていたりします。新興市場を開拓していく場合、既存市場で不便な点にヒントが多くあり、音声配信でいう「画のあるほうが有利となるYouTubeで画を真っ黒にして音声だけ配信する」もその1つだからです。いずれもフェーズごとでの最適解を導き出すために、音声に限らず広い視野で「トレース」していくことが重要になりそうですね。

09 ○○広告活用のおかげで大ヒットした本麒麟のマーケティングトレース

本麒麟は、「日経トレンディ」の18年ヒット商品ベスト30に選ばれ、過去10年のキリンビール新商品の中で最もよい売れ行きを誇るといわれています。ほかのメーカーも続々と新商品を投入してくる中で、なぜ本麒麟は売れたのか？　マーケティングトレースから読み解いていきます。

マーケティングトレース担当：きんちゃん（@kin_chan_chan）
編集：黒澤友貴
活用フレームワーク（PEST、3C、4P）

キリンビールの概要

本麒麟の#マーケティングトレース基本情報

会社名	キリンビール株式会社
業界	ビール業界
ビジョン・理念	よろこびがつなぐ世界へ
トレース目的	キリンビールの中で13年ぶりのヒットといわれる本麒麟のマーケティングにおける成功要因を読み解く

本麒麟は本当に売れているのか？

メディアでヒット商品と紹介されていても、実際に売れているのかどうかはわかりません……なので、公開情報をもとに調べてみます。

1年間の売り上げ比較

2018年4月から2019年3月の有名ブランドの売上箱数を見ると次のようになる。新ジャンル市場全体で見れば、本麒麟は6パーセント程度のシェア比率である。

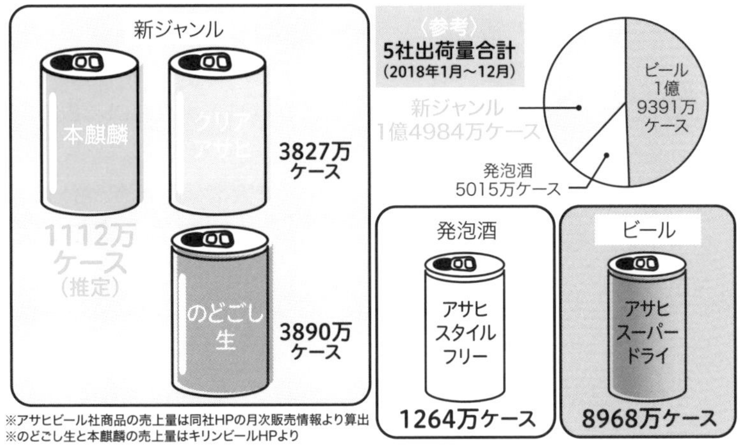

※アサヒビール社商品の売上量は同社HPの月次販売情報より算出
※のどごし生と本麒麟の売上量はキリンビールHPより

1年間の売上量を見ると、新ジャンル市場全体では6パーセントほどです。

発売から1カ月の初速比較

発売から1カ月間での売り上げを競合商品と比較すると、約17パーセント増の勢いで売れている

117万ケース

※売上量は各社HP上の資料より推定

類似新商品の売上初速を比べると、売れている傾向にはあるようです。

販売初速がキリンビール過去10年の新商品の中では「最速」であったと捉えておきましょう。

PEST分析／3C分析／4P分析

本麒麟のマーケティング戦略を読み解くために、PEST、3C、4Pの3つのフレームワークを活用して全体像を整理していきます。

❶ PEST分析から市場環境を分析

市場環境分析（PEST分析）

Politics 政治

麦芽比率とリキュールの有無をボーダーに、課税額が激減、各社は発泡酒やビールに該当しない新ジャンルの開発を進めている。また、**2019年10月の消費税増税により、**新ジャンルのニーズはさらに高まることが予想される。
一方で2026年までに新ジャンルに対して増税が予定されているため、長期的には市場が縮小する懸念がある。

Economy 経済

安く酔える（＝コスパの高い）ストロング市場の好調から、ビールに対して**節約志向が強まっている**傾向が推察される。

Society 社会

少子高齢化と若者の酒離れにより、飲酒人口と消費量はゆるやかに縮小している。若い女性を中心とした健康志向が発泡酒や新ジャンルの人気をあと押している。飲みやすいチューハイブームによるRTD市場へビール市場から顧客が流出している。一方で、クラフトビールのブームなど、**ビールを好む層は依然として健在。**

Technology 技術

品質向上により、発泡酒や新ジャンルの味はどんどんおいしくなってきている。

戦略視点　**市場の節約志向は強く、それは今後も高まっていくことが考えられる。一方で、ビールの人気は根強く、ビールファンがビールの消費をガマンする機会が増えることが予想される。**

❷ 3C分析から戦略概要を理解

事業環境

3C分析

Customer（顧客）

ビールは好きだが、節約したいので、毎日飲むのを控えている

酔うためであればストロング系のチューハイで十分

本当は気兼ねせずにビールを飲みたい

【戦略視点】

ビールとして楽しめる新ジャンルを開発する

Company（自社）

技術力（長期低温熟成法）とポップの質にこだわることで、麦芽率を上げずに**ビールらしい味にできる**

Competitor（競合）

各社ともにアルコール度数の高い「コスパよく酔える」お酒は充実しているが、**ビールと同様に飲める新ジャンルというポジションは未確立**

酔うために飲むのではなく、ビールの味を楽しんでほしい

③ 4P分析からマーケティングミックスを理解

自社戦略

4P分析

Product（商品）	Price（価格）
力強いコクと飲みごたえが味わえるキリンビールの最高品質新ジャンル	新ジャンルと同様の価格帯、およそ110～140円
Place（流通）	**Promotion（広告）**
全国のコンビニエンスストア、スーパー、酒店、EC	“最高品質の新ジャンル”をまっすぐに伝えつづける戦略 キャッチコピー：ここまでうまいと、時代が変わる 主な手法：4マス、OH、Web、PR、サンプリング

戦略視点　本格品質の新ジャンルであることをメディアやサンプリングを通じて伝えることで、まずは飲んでもらって味で勝負する

戦略のまとめ

PEST分析

市場の節約志向は強く、それは今後も高まっていくことが予想される。その中で、ビールファンがビールの消費をガマンする機会が増えている

▼

3C分析

ビールとして楽しめる新ジャンルを開発する

▼

4P分析

まずは飲んでもらう機会を作り、味で勝負する

分析すると、「味」がポイントだったのか！　確かに、これまでの新ジャンルはビールに比べるとおいしくなかったもんな……（あくまで個人的な感想です）。

えっ、本当に味が決め手？

いや、もちろん“おいしい”のは間違いないのでしょう。

しかし、人それぞれ味の好みは異なる。そしてこの飽和し切ったビール市場。味へのこだわりだけで、本当に商品が大ヒットするのでしょうか？

ましてや「これまでより味がよい新ジャンル」なんて、各社新商品がずっと言いつづけていることです。

では、他社の新商品たちと本麒麟は何が違ったのでしょうか？

ヒットした最大の決め手に関する仮説

結論から言うと、「本麒麟はPRに成功したビール」です。

成功ポイント❶　圧倒的なCM出稿量

今回の本麒麟発売の背景には、1年前に起きた「のどごし生」の失速による、新ジャンル市場の首位陥落という出来事があります。

首位陥落を受けてキリンビールの経営陣は、それまで25〜26のブランドに投入していたCM出稿を、主力の5ブランドに絞る戦略への転換を決断しました。

参考：日経ビジネス
「一人勝ちキリンビール、
「本麒麟」はなぜ売れた」

https://business.nikkei.com/atcl/NBD/15/257889/121700143/?P=4

その結果として、本麒麟は半年間で1万GRPというキリン史上最大のCM出稿量を実現（ちなみに、2015年新発売の「のどごし生オールライト」は1年間で2500GRPでした）。

認知プロモーションの段階で史上最大のCMボリュームをかけたとあれば、販売初速が過去10年で最速になったのもうなずけます。

成功ポイント❷ 「○○広告」の活用による空気づくりの成功

そして、もう1つ外せない点があります。

本麒麟は、世を席巻したヒット商品なので、すでに多くの紹介記事がインターネット上に掲載されていました。

なので、今回のマーケティングトレースではありがたくそれらをフル活用させてもらったのですが、そうしているうちに、ある違和感を感じはじめました。

話題になったとはいえ、いくらなんでも紹介記事数が多すぎるのではないか？

そこで、「記事数」という切り口で調べたところ、興味深いことがわかりました。

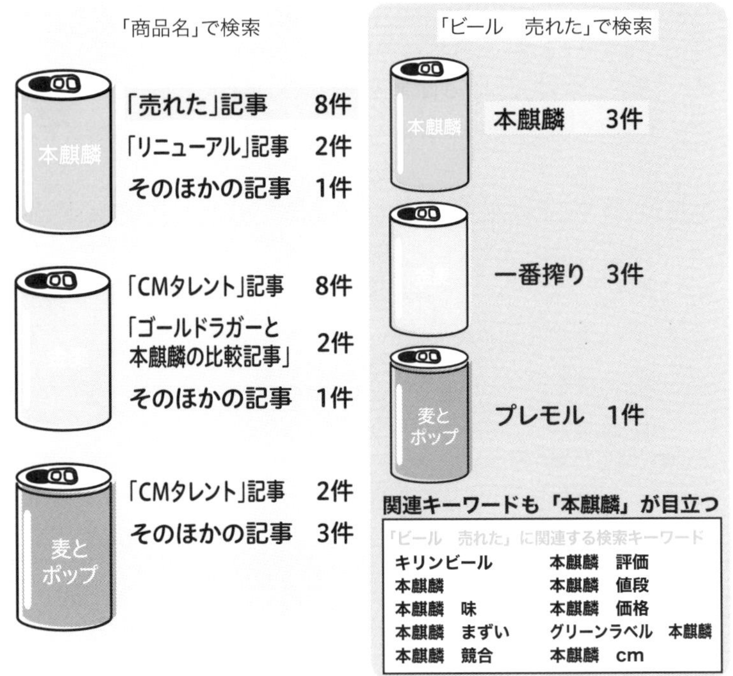

※Google検索で「商品名」or「ビール　売れている」を検索した際の3ページ目までの記事ヒット数を算出（プレスリリースは除く）

本麒麟は、競合商品と比較して、「売れた」という内容の記事が明らかに多く検索でヒットします（関連キーワードは、もう露骨な結果ですね）。

さらに、本麒麟が売れたとする記事の中には、キリンビールによる広告表記がある記事が多数見受けられます（今回調べた記事数15件に対して、広告表記があったのは6件でした）。

こうした記事広告のメリットとは、消費者から「メディアが取り上げているなら本当だろう」と“信頼してもらえること”です。

自分たちがCMで「売れています！」と言うよりも、第三者に記事として取り上げてもらえたほうが、「そんなに売れているなら、自分も飲みたい」と消費者に思ってもらえます。

そしてもう1つ。記事広告は流通関係者にも訴求します。営業マンがキリンビールのこだわりを滔々（とうとう）と伝えるよりも、売れているという記事を見せたほうが、小売店の店長さんたちも信頼して仕入れやすいでしょう。

ビールのような日用品にとって、棚を制することは何よりも大切です。どんなに味にこだわっても、棚落ちすれば飲んでもらえないし、逆に棚に乗れば、リピートされる可能性が高まります。

そろそろまとめましょう。

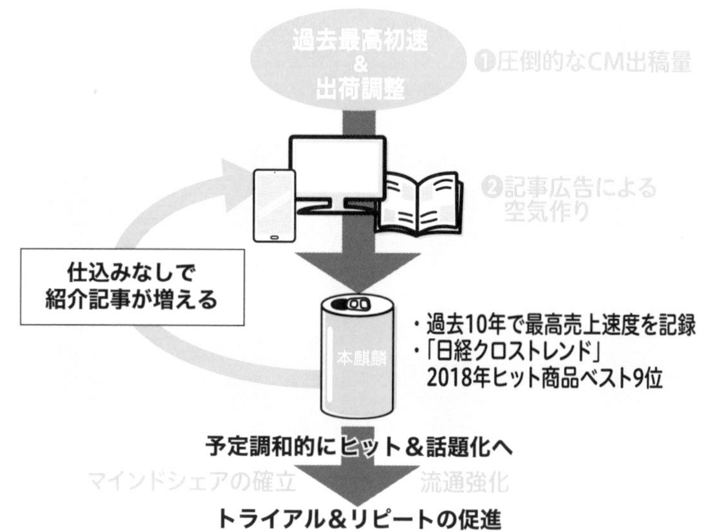

元ZOZOの田端信太郎さんが、「メディアとは、予言が自己実現するものだ」と言っていました。

いかに売るかのプロモーションではなく、いかに「売れている」と言うかのプロモーションです。つまり、「なぜ本麒麟が“こんなに話題になるほど”売れているのか」のアンサーは「売れているという話題化そのものが戦略だったから」ではないでしょうか。

今後の戦略を考える　～もし自分がCMOだったら？

最後に、本麒麟のこれからを考えます。

キリンビールの鮮やかな戦略で、本麒麟ブランドは確立できたのではないかと思います。競合他社がそっくりなパッケージの商品をぶつけてくるくらいなのですから。

当面は、先行者として巻き起こした新ジャンル市場の盛り上がりとともに売り上げを維持できるのではないでしょうか。

ブランドとしての脅威は、2026年に控える酒税法改正でしょう。

ビールと新ジャンルの価格差が小さくなるため、本物のビールと競合していくことになります。

ビールありきで確立した今のブランドイメージだと、負けてしまうかもしれません。

安さが競争力なのに値上げは致命傷になりかねない。乗り越えるのは、とても難しいでしょう。

たとえば、タイミング基軸のブランディングに変えていくというのはどうでしょう。決まったタイミングに飲むモノとしてのイメージづけをしていくのです。

一例としては、晩酌。ビールよりも健康的であり、軽くスッキリした飲みごたえを逆手に取る。「帰宅後の晩酌で、軽いおつまみとともにもう1杯」というポジショニング。訴求には、シーンを想像させるCMや晩酌との相性がいいレポート特集や、お菓子サブスクとコラボして、晩酌おつまみが届くプロモーションなど。

今回、莫大な投資と見事な戦略で勝ち取ったブランドイメージ。

これで6年後の酒税改正までに、ビールや新ジャンルの枠を飛び越えたブランドになっていたら、本当に脱帽もののマーケティング戦略だと思います。

マーケターとしては、本麒麟はこれからも逃せません。

〈本麒麟 #マーケティングトレースのポイント〉

・ニュースを鵜呑みにせず、「そもそも売れているのか？」という問いから調査をしていること

・ヒット要因に最も影響があるポイントを特定し、掘り下げて分析をしていること

・外部要因と現在のブランドイメージを踏まえて自分がCMOだったらの仮説を出していること

10 時代に先駆けジャイアントキリングを果たしたワンキャリアのマーケティングトレース

高学歴の学生が就活で利用しているWebサービスのアンケート結果でナンバー1を獲得しているのは……、リクナビではなく「ワンキャリア」というサービス（※）。創業わずか4年のベンチャー企業。未上場企業であるため、財務情報を詳しく調べることはできませんが、ここまでの地位を築いた要因をマーケティングトレースから読み解いていきます。

※参考：Newspicks

「【図解】20サービスを徹底比較。本当に役立つ「就活サイト」一覧」

https://newspicks.com/news/4345300/body/?ref=user_683454）

マーケティングトレース担当：りょんさん（@pipi_yel211）

編集：黒澤友貴

活用フレームワーク（STP、4P）

1．WHO？：ワンキャリアは何者か？

2018年卒の筆者（りょん）ですら、当時はワンキャリアを知らなかったのだから、ほとんどの社会人の方は使用経験がないでしょう。

そこで、同社のサービスとビジネスモデルの概要を簡単にお伝えします。

リクナビと同じ総合求人メディア

まず、ワンキャリアはリクナビと同じ、総合求人メディアです。リクナビと同様に、ワンキャリアを使って、企業の採用情報を調査したり、選考に応募することができます。ビジネスモデルも同様です。企業への年間の掲載課金モデルなので、掲載企業数が増えれば増えるほど、収益が増える仕組みです。

この領域では、リクナビ、マイナビ、キャリタスが有名で、これらの企業がワンキャリアの競合となります。

2015年8月創業のベンチャー企業

そして驚くべきことは、2015年創業のベンチャー企業であることです。現在の社員数は50人前後で、上場もしていません。そんな新興企業でありながら、高学歴の就活生からの指示でリクルートを上回ったのが同社なのです。

まとめ

掲載課金モデルで、企業と高学歴の就活生をつなぐプラットフォーマー。

2. WHAT？：何がウリなのか？

簡単なSTP分析で読み解いてみます。

高学歴の就活生に集中して1点突破

STP分析：セグメンテーション／ターゲティング

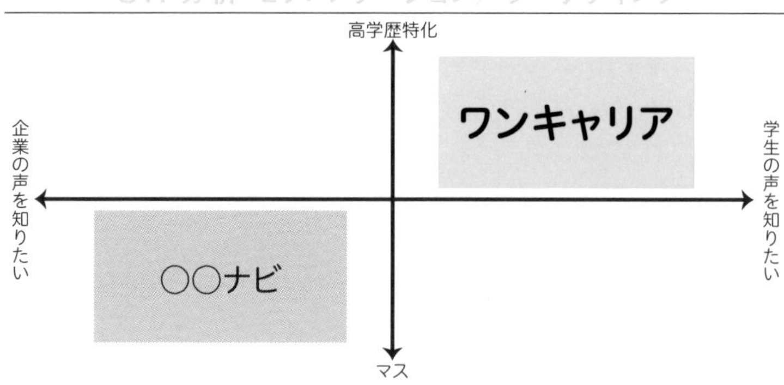

まず、セグメンテーションとターゲティングでは、高学歴の学生に絞っています。ほかの大手媒体は、全方位的にサービスを展開している中で、後発の企業が差別化集中戦略を図るのは正攻法です。

そして、高学歴の学生が「情報を疑う目線」を持っていることを軸にして、企業の側が一方的に提示する情報よりも、実際に選考を受けた学生の生の声を知りたいと思う心理的特性を持った学生をターゲットにしていると考えました。

非常に誠実なサービス設計

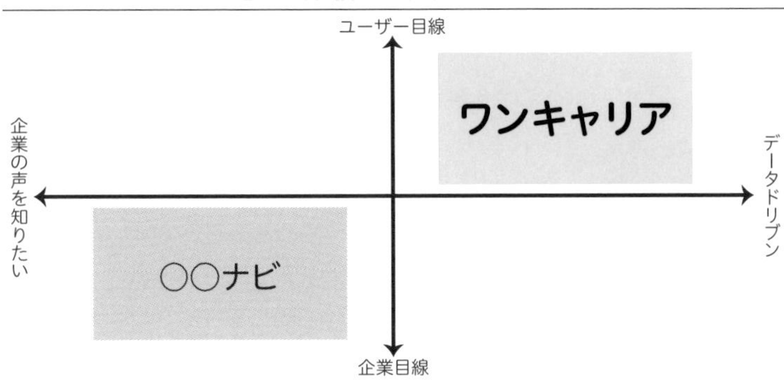

そして、ポジショニングです。

高学歴で学生の本音を知りたいと思っている就活生に対して、定量データと、口コミなどの定性情報を軸にサービスを作っているのがワンキャリアです。

企業の価値よりも学生の価値を優先

今までは、お金を払う顧客（企業）に対して、営業をして、有利な条件を提示することで、ビジネスモデルを成立させてきた企業がほとんどでした。

しかし、ワンキャリアはその逆をいきました。まずは就活生に対して価値を提供し、就活生が集まるから、企業も集まる——そんな循環をもたらし、既存のモデルを破壊しています。

データドリブン

そして就活生に対して価値を提供するための最大の武器として用いたのがデータです。ワンキャリアのビジョンは

Visualize Everything
テクノロジーによって可視化し、透明性のある社会を創る

ということから、データを利用してのサービス設計を重要視しているこ

とがわかります。

このポジショニング戦略に基づいて設計したのが、以下の4Pです。

	ワンキャリア	競合
商品(Product)	学生起点の情報	企業起点の情報
価格(Price)	情報提供で報酬	報酬なし
流通(Place)	Web/アプリ	Web/アプリ
宣伝(Promotion)	個人の露出	認知の拡大

これまでの流れと、ほぼ同じWebサービスなので、価格(Price)/流通(Place)で差別化をはかることが難しい。そのため、ユーザーである就活生を起点とした情報を載せることで、ユーザーから選ばれる商品(Product)を目指す部分での一点突破です。

宣伝(Promotion)については、後述します。

まとめ

データを軸にユーザー目線のサービスで勝っています。

3. WHY:なぜ勝ったのか?

それでは、なぜ上記のSTPと4Pがハマったのでしょうか。

ここまでの話を図にまとめると、次ページの図のようになります。競合との営業力勝負を避け、データを用いた学生への体験を最重要項目に置くことで、企業の支持まで得てきました。

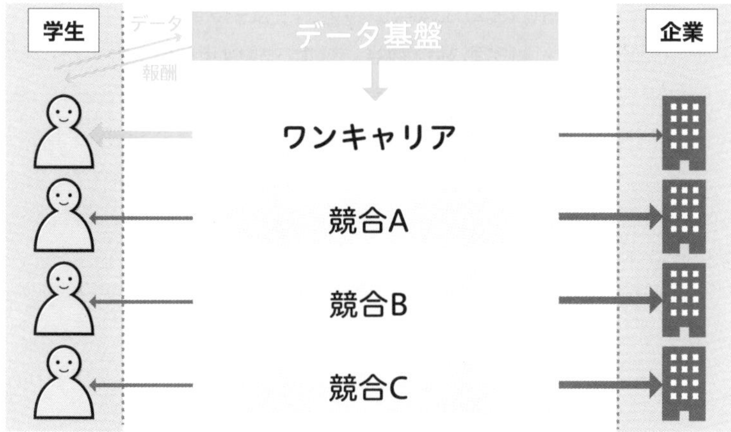

しかし、それではなぜ、競合は同じことをしなかったのでしょうか。リクルートやマイナビは同じことをできなかったのでしょうか。筆者の結論はこれです。

時代の変化×スピード感

ひとことでまとめるならば、現在の新卒採用市場はワンキャリアが有利な状況になっています。そして、そんな状況を作り上げることができたのは、ワンキャリアがベンチャー企業で、大手企業よりも柔軟に素早く動けたからです。

まずは、市場の変化から見ていきます。

① 買い手市場から売り手市場へ

アベノミクスによる経済の活性化と、少子高齢化による学生の低下で、ここ5年、新卒採用市場は就活生に有利な市場に変化を遂げました。

リーマンショック後の2009〜2015年は企業が有利でした。学生が自由に選ぶ権利は少なく、企業はよりよい学生を選抜するために、きびしいハードルを課すことができた時代でした。

このような状況であれば、企業に「当社の媒体を使うほうがいい人材を採用できますよ」と営業するだけで十分でした。そして、企業が合同説明会を開催すれば、就活生は勝手に集まってきたのです。

逆転現象

それが2015年を境に急に就活生に有利な売り手市場に変化しました。こうなると、就活生はより自分に合うと思われる企業を選ぶために、時間をかけて吟味することができるようになります。

万が一、1社からしか内定をもらえなかったら、そこに就職するしかありませんが、複数社から内定をもらっていたら、自分に有利なように取捨選択ができることになります。

そんな動向に対して、学生の声を起点にしたワンキャリアのサービスがフィットするのは自明の理でしょう。

これが5年ほど前だったら、学生がどんなにいい企業だと思ったところで、選ぶ余地はほとんどありませんでした。

❷ 情報の透明化

また、ここ5年、一気に情報が透明化されたことも挙げられます。たとえば、「食べログ3.6事件」や「リクナビ事件」のように、企業が情報を不適切に取り扱うと、またたく間にインターネット上で拡散され、知れわたってしまう時代です。

そしてシンギュラリティが注目を集めたのもこの頃からで、2015年に野村総研が発表したAIに多くの仕事が代替されるという話は、多くの就活生を震えさせたに違いありません。

こうした情報の透明化が浸透するにしたがって、より多くの人に知ってもらうこと（認知度）よりも、満足してもらってほかの人に広めてもらうこと（満足度）のほうが重要であると、ビジネスのルールが変わっていったのです。

❸ データの重要性

また、技術の発展によって、データを用いてユーザー1人1人の行動特性を理解し、個々に合わせた接客が可能になりました。

Googleを中心に、Amazon、Facebook、LINE、ZOZOなど、国内外を問わず成長している事業はデータをうまく活用しています。QR決済に多くの会社が投資をするのも、このためです。

こうしたデータドリブンな流れに乗り、ビジョンにまでテクノロジーとデータの活用を盛り込んだのが、ワンキャリアです。そして、テクノロジーを開発する速さにおいては、大企業に勝てるのがベンチャー企業の強みです。

ワンキャリアの勝利は、これら3つが美しく噛み合った結果であり、同社のデータを基にユーザーの満足度を高めていくのは、誠実なだけでなく、ビジネスとしても非常に強力な戦略だったということであります。

まとめ

時代の流れを先読みして、ベンチャーのスピード感で勝負。

4. HOW？：どう成し遂げたのか

この戦略の下に、ワンキャリアはどのように今のポジションを勝ち取ったのでしょうか。改めて4Pを見返すと、プロモーションがカギだと考えられます。

	ワンキャリア	競合
商品（Product）	学生起点の情報	企業起点の情報
価格（Price）	情報提供で報酬	報酬なし
流通（Place）	Web ／アプリ	Web ／アプリ
宣伝（Promotion）	個人の露出	認知の拡大

なぜならば、ある意味顧客に寄り添ったプロダクト設計をしている以上、特定セグメントに対しての満足度を高めることは可能だからです。

ただ、巨人リクルートを相手にした際に、圧倒的に足りないのが知名度です。ユーザーに知ってもらうだけでなく、営業活動に多くの人員を割けないにもかかわらず顧客（企業）の認知を獲得する必要がありました。

だから、このプロモーションでいかに勝つかが、ワンキャリアが勝ち切るキモだったのです。

① コンテンツマーケとメディア連携

話題になりそうな記事を執筆して、ほかのメディアに取り上げられることで、広告宣伝費をかけずに、高学歴で情報収集に余念がない大学生にリーチすることができています。

ワンキャリアを利用してもらうためには、同社の強みである「就活生の声」を発信することで良さを知ってもらう必要があり、その世界観を伝えているのが、また素晴らしいところです。

すでに多くの企業と深い関係を築いているリクルートにはこんなやんちゃな記事は書けません。戦略とコンテンツの整合性のとれた素晴らしいプロモーションです。

② ブランド人での広報

筆者にとってワンキャリアといえば、社長の宮下さんよりも、北野さんと寺口さんが真っ先に思い浮かびます。特にPRディレクターである寺口さんの存在はプロモーションにとって大きいように思います。

筆者がワンキャリアという会社を知ったのも、北野さんがきっかけです。

前述の話のように、情報の透明化が進む中で、個人名で自社について発信できる実力者が存在することは、非常に大きな影響を持ちます。

特に対企業に対して、信頼を勝ち得るためにはこれ以上ない強みであるでしょう。

こういう力を持った方々が、メディアを通してガンガン発信していくので、認知と信頼を同時に得られるのです。まさに、最強の正攻法と言えるでしょう。

昨年話題になった寺口さんの記事が、匿名で個人の魂が乗っていなかったら、ここまでバズっていなかったでしょう。

まとめ

誠実なサービスだからできる、個人名を出して社会にアンチテーゼを唱える真っ向勝負プロモーションが認知拡大を下支えしている。

5. 自分がCMOなら

瞬く間に成長するワンキャリア。IR情報もないので、その未来を少しだけ予測してみます。

まずは最近の動きから。
リクルートとの協業を進め、資金調達も終えました。

学生と企業の採用における意思決定を支援するデータプラットフォームの構築
企業の採用課題にアプローチするSaaSの提供を予定しているそう
出典：TechCrunch
「月間100万人が使う就活クチコミサービス「ワンキャリア」にUB Venturesなどが資本参加」

https://jp.techcrunch.com/2019/10/23/onecareer/

今後は、さらにデータを活用して、より深い部分まで入り込む方針のようです。リクルートやユーザベースとタッグを組むことからも、競争に勝つことだけでなく、本気で採用課題の解決を目指していることが推測できます。

北野さんがopen workも担当する意味で、データを共有し、今以上に1つのサービスに統合していく未来も見ることができます。

目指すはHR領域のリクルート？

これらを踏まえた筆者の予測は、領域の拡大です。新卒採用のフィールドにとどまらず、中途採用、派遣、または育成、組織コンサル、SaaSなど、さまざまな方向性へ拡大していくのではないでしょうか。

なぜならば、今後勝つために必要なのがデータなのだとしたら、より多くのデータを川上から川下まで獲得し、統合して一貫したサービスを築くことが競合優位性を築くうえでの強みになるはずだからです。

LINEとYahoo！が経営統合して、PayPayとLINE Payの基盤を統合していく流れと同様の方向性で動いていくように思えます。

まとめ

データを増やすために、領域を拡大し、HR界のリクルートを目指す。

全体のまとめ

時代を読んで、一点集中し、スピード感勝負。まさにベンチャー企業が勝つための正攻法であり、格好のお手本になるマーケティングトレースでした。

あとからはなんでも言えるのですが、数年前の時点でここまで考えられていたのだとしたらすごいの一言です。

〈ワンキャリア#マーケティングトレースのポイント〉

・リクナビという強い競合との違いを明確に定義していること

・市場や社会の変化とマーケティング戦略がどのように連動しているかが読み解かれていること

・業界の慣習を理解したうえで、ベンチャーとしてどのようなポジションを取って成功したのかが言語化されていること

〈第3章のまとめ〉

1. 売れている理由の因果関係を読み解き、自分で言語化・構造化するトレーニングを繰り返そう

2. メディアの情報を鵜呑みにしてわかったつもりにならないこと。自分で編集して、仮説を作り、実践で使える知識に変える

3. 自分の消費体験をマーケティング思考力トレーニングに変えよう。「なぜ自分は買ったのか？」「どうやって売れているのか？」を考えて仕事に活かそう

11

〇〇の#マーケティングトレース

会社名	
業界	
代表取締役	
ビジョン・理念	
売上／営業利益	
従業員数	
トレース目的	

市場環境分析（PEST分析）

Politics 政治	Economy 経済

Society 社会	Technology 技術

5Forces分析：業界構造の理解

新規参入

売り手

買い手

直接競合

代替品

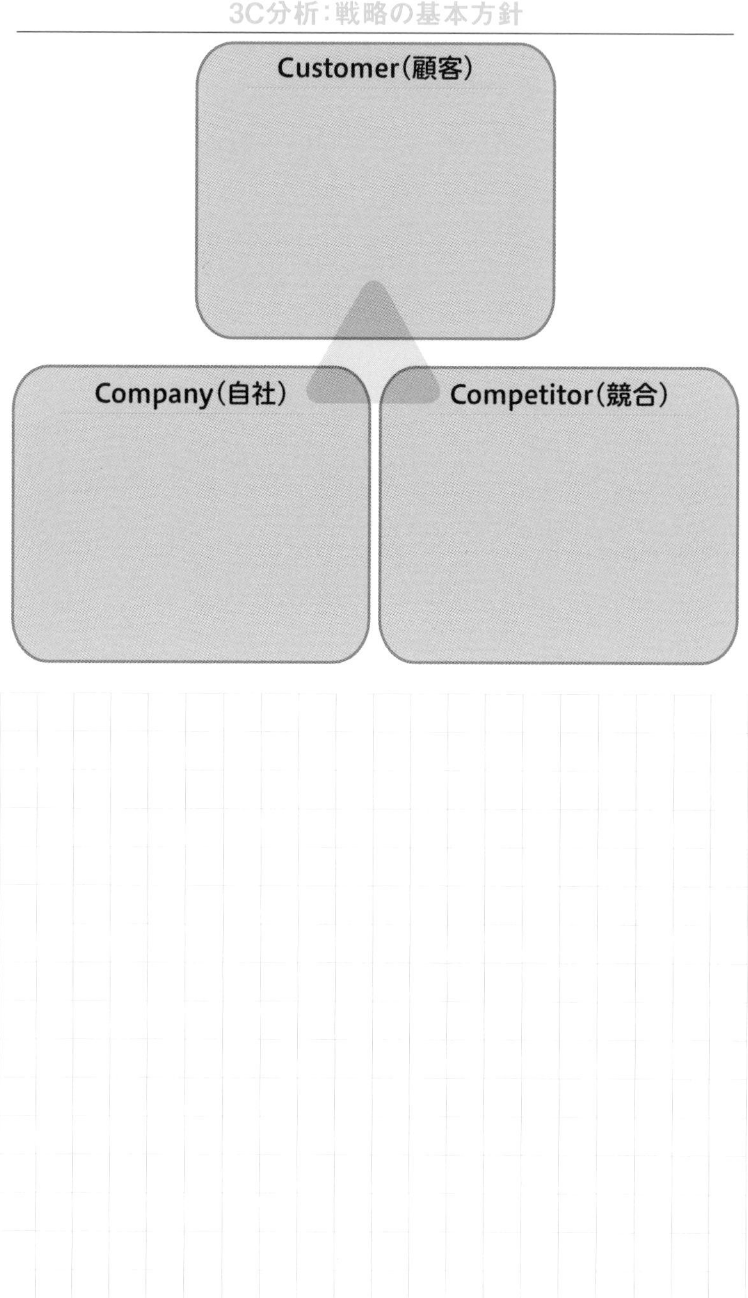
3C分析：戦略の基本方針
Customer（顧客）
Company（自社）
Competitor（競合）

STP分析：マーケティング基本戦略

Segmentation（市場を分ける）	Targeting（コアターゲット決定）

Persona（顧客イメージを具体化）	Positioning（差別化ポイントを表現）

マーケティングミックス（4P分析）

Product（商品）

Price（価格）

Place（流通）

Promotion（広告）

成功要因の言語化（3つのポイント）

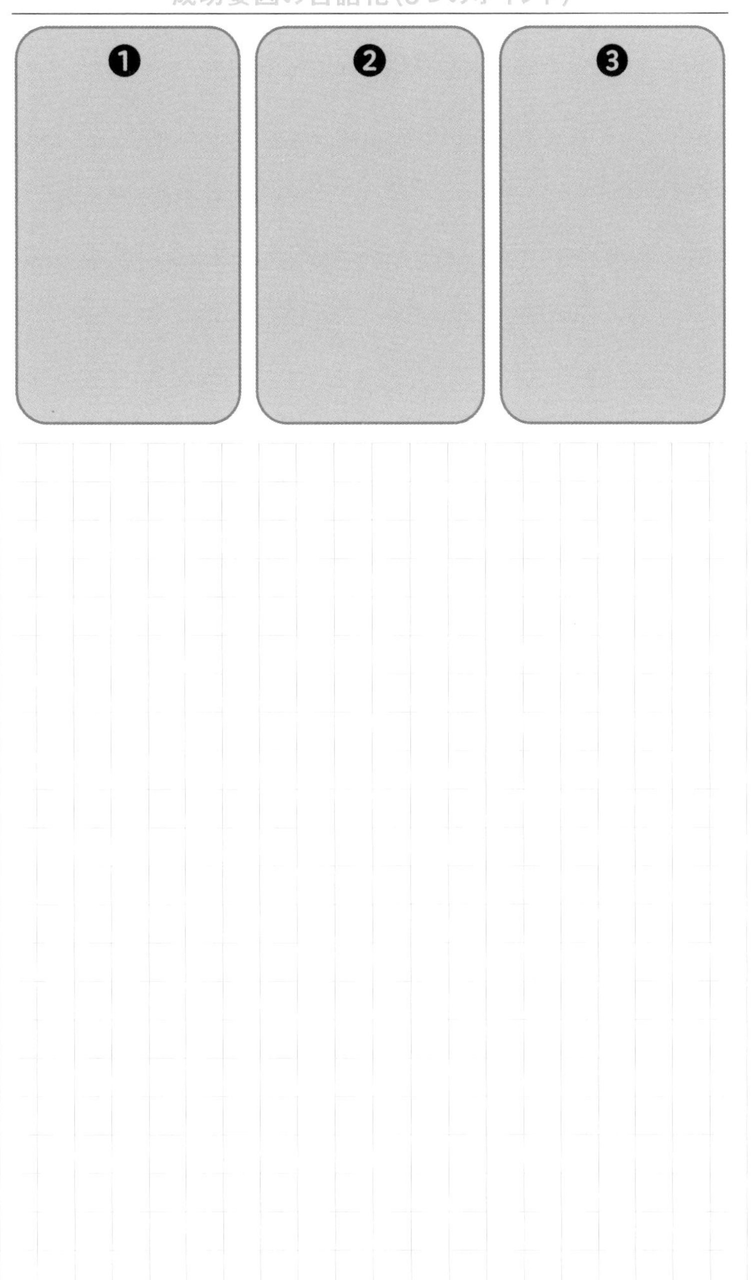

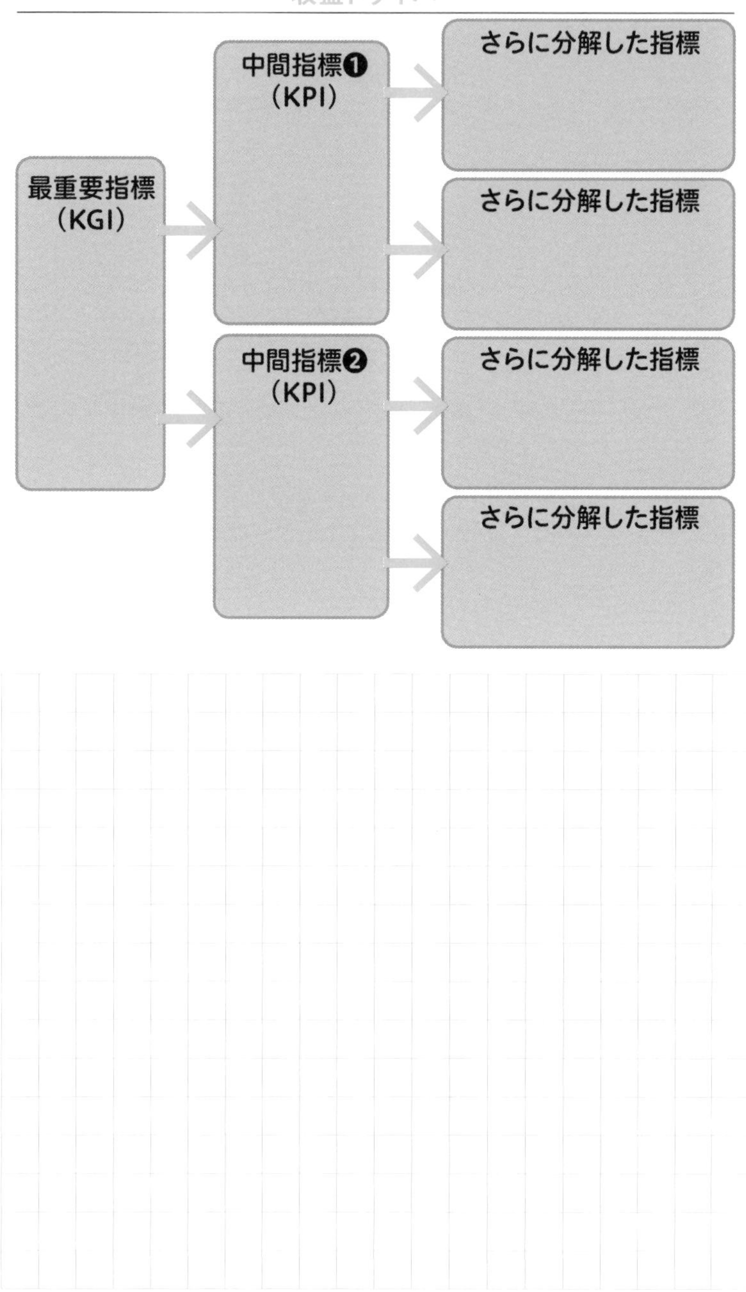
収益ドライバー
最重要指標
（KGI）
中間指標❶
（KPI）
中間指標❷
（KPI）
さらに分解した指標
さらに分解した指標
さらに分解した指標
さらに分解した指標

「もし自分がCMOだったら?」シート

視点	CMO 視点でトレースしたことから 導き出した考えを記載
あなたが考える 打ち手は何か?	
競合と比較したときの 差別化ポイントは何か?	
ターゲットは誰で、その人の どんな課題を解決するのか?	
マーケティングミックスで 工夫する点は何か?	
収益インパクトは どれくらい出せそうか?	

MEMO

第4章

マーケティングトレースの取り組み方と継続する工夫

ステップ6
自分以外の人に
共有できる形にまとめる
紙のノート、スライド、文章など
フォーマットは自由
ステップ7
#マーケティングトレースを
つけてSNSで発信
noteでの発信を推奨
※ミートアップの場では
グループ内共有
ステップ8
フィードバックをもらう
フィールドワークに行くなど
追加調査と分析をする
コミュニティ内から
フィードバックを受ける
マーケティングトレースに取り組み・継続する方法を理解する

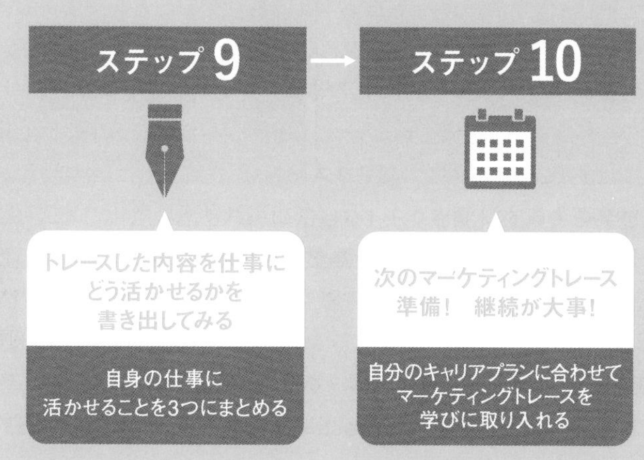
ステップ9
トレースした内容を仕事に
どう活かせるかを
書き出してみる
自身の仕事に
活かせることを3つにまとめる
ステップ10
次のマーケティングトレース
準備！ 継続が大事！
自分のキャリアプランに合わせて
マーケティングトレースを
学びに取り入れる

コミュニティでマーケティングを学ぶ

学習は1人では継続しにくいですし、楽しくないし、しばしば目的を見失いがちですよね。筆者自身はそう感じています。誰かと一緒に学び、他者からのフィードバックがあるからこそ、学習を継続しやすいですし、自分1人では気づけない学びも多いのです。

マーケティングトレースは個人の思考を鍛えるトレーニングであると同時に「マーケター同士が学び合うコミュニティ」でもあります。

Facebookグループ、Twitter上に形成されるゆるやかなつながり(ハッシュタグ)、ミートアップ(オフラインイベント)の3つが起点としてコミュニティを作っています。

マーケティングトレースでSNS発信の成功体験を積む

マーケティングトレースは、SNSでアウトプットするまでをトレーニングとして設計しています。noteやTwitterでマーケティングトレースの発信をすると、コミュニティの中でフィードバックをもらえる(「Like」や「スキ」といった小さな反応から、コメントをもらえるレベルの大きな反応まで)工夫をしています。

SNSで発信するときの不安は「誰にも見てもらえないのではないか」という恐れが一番大きいのではないでしょうか。

そんなときにぜひ活用していただきたいのがハッシュタグです。

「#マーケティングトレース」のハッシュタグをつけてSNSで発信するだけで、コミュニティの人には届きます。

ぜひ皆さんにも、マーケティングトレースを通じて、SNSで発信する際の最初の成功体験を積んでいただけたら幸いです。

アウトプットと学習定着率の関係

アメリカ国立訓練研究所の研究によると、学習方法と平均学習定着率の関係は「ラーニングピラミッド」という図で表すことができるとのことです。

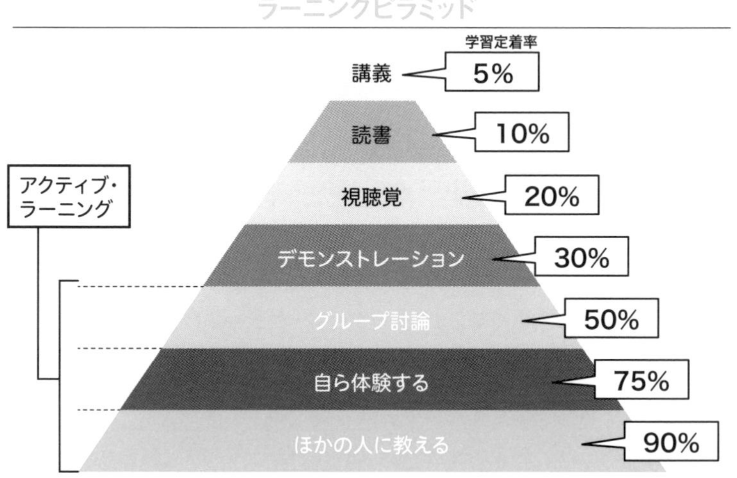

講義を聞くだけ、本を読むだけでは、学習定着率は低いという結果が出ています。

自分でフレームワークを活用してみる、成功要因を言語化・構造化してみる、「自分がCMOだったら?」と疑似体験をしてみることで、実践に活きる知識を獲得できると考えています。

また、SNSで発信するということは、学習定着率を上げることにつながるはずです。

アウトプットとフィードバックが良質な学習につながる

先ほども言いましたが、noteやTwitterでマーケティングトレースの発信をすると、コミュニティの中でフィードバックをもらえる工夫をしています。

マーケティングトレースでは、戦略を描くことの面白さ（と難しさ）と、戦略を描いて他者からポジティブなフィードバックをもらえる体験作りを意識しています。

この他者からのフィードバックが「小さな成功体験」となり、普段の仕事の中でも戦略を描くことが当たり前になるようにしていきたいと考えています。

人は成功体験があると、その追体験をするためにリソースを投下する傾向にあります。たとえば、ネット広告運用でCPA（顧客獲得コスト）が改善した成功体験があると、もっとCPAを下げるようがんばるようになります。

マーケティング戦略を自分で作って、ほかの人からホメられる成功体験があったら、業務の中で戦略を作ることに自分の時間を使おうと思うはずです。

1人で学習を継続すると行き詰まるときがあると思います。そんなときは、マーケティングトレースのコミュニティを、マーケターとしての思考を鍛える、キャリアを発展させるための場として活用してみてください。

マーケティングトレースミートアップのご紹介

筆者（黒澤）たちのコミュニティでは毎月ミートアップを開催して、マーケティングトレースを実践したいと考えるマーケターが集い、お互いのマーケティング思考を磨き合っています。

〈ミートアップ開催の意味〉

- 組織の枠から出て思考を広げる場
- 専門性が異なるマーケター同士がつながる場
- 他者とつながることで学習を継続するための場

コミュニティなので、さまざまなバックグラウンドを持つマーケターと出会うことができます。たとえば、リスティング広告の運用を専門としている人と、SNSマーケティングを専門としている人とでは、考え方が異なります。

お互いの仕事や考え方を共有し合うことで、自分1人では気づけない発見があります。

マーケティングトレースコミュニティへの参加方法は次の通りです。

❶ Twitterで「#マーケティングトレース」のハッシュタグをつけて発信してみる

② Facebookグループでご自身で実践したマーケティングトレースを共有する
③ マーケティングトレースミートアップに参加する

マーケティングトレースのミートアップの様子

マーケティングトレースの基本メニュー表

ここまでマーケティングトレースの考え方と事例をご紹介しながらイメージを深めてきました。すでにイメージがつかめてきたので、さっそく「マーケターの筋トレ」を開始したいという方は、本書を閉じてトレースを開始していただいて問題ありません。

この章では、マーケティングトレースを日常の生活や仕事の中で「継続して」取り組むための方法や工夫をご紹介していきます。

マーケティングトレースは継続が命です。1回だけ実践したからマーケティング思考が開花するということはありません。日常生活の中に「マーケターの筋トレ」を組み込んでいきましょう。

マーケティングトレースを実践しようと思い立ったときに、「第2章で紹介したすべてのフレームワークを活用するなんて難しい」、あるいは「第3章で紹介した事例レベルを作成する時間を確保できない」という方もいらっしゃるかもしれません。

そんな方々に向けてマーケティングトレースのメニューを4つに分けてみました。「時間がない」「まずは気軽に取り組んでみたい」という方は、次の「① 日常編」から順番に取り組んでみることをオススメしています。

アウトプットを継続するコツ

アウトプットが大事とお伝えしましたが、いきなり3000〜4000文字のボリュームをSNSで発信するのは難しいと思います。

ここでは、アウトプットを継続するためのポイントをお伝えしたうえで、マーケティングトレースの初級編〜上級編という徐々にレベルを上げていくステップの踏み方を解説していきます。

まず、アウトプットを継続するためのポイントは、この3つを意識しましょう。

① アウトプットする量と頻度を決める
② 小さくはじめて徐々に負荷をかける
③ 不完全でもアウトプットを出す

どれくらいの文字数と、どれくらいの頻度でアウトプットを出すのかを決め、自分が継続できるペースを作りましょう。

そして、完璧なアウトプットを出そうとしないことが大切です。

マーケティングトレースは、きれいな分析内容を披露するものではなく、マーケティング思考を鍛えるトレーニングです。

「こんな内容でアウトプットをしていいのかな……」と不安になるかもしれませんが、最初は「質より量」を重視していきましょう。

01　日常編　【所要時間：30分】

次の4つの流れでトレーニングを構成しています。

STEP❶

日常の中で見つけた、マーケティングキャンペーン、広告、SNS投稿などを選ぶ。

STEP❷

追加でリサーチする（オウンドメディア、SNS投稿、取材記事など）。

STEP❸

広告やSNSの表現の裏側にあるマーケティング戦略を考えて言語化する。

〈例〉この広告のターゲットは誰か？　この広告はどのような商品・価

格戦略と連動しているのか？

STEP❹

140文字＝Twitter、800文字＝noteなどでアウトプットを出す。
この文字数はあくまで目安です。

可能であれば、さらに分析を深めて初級編・中級編に取り組んでみましょう！

マーケティングトレース　日常編

さらに分析を深めて初級編・中級編に取り組んでみる

FINISH

STEP 4　140文字＝Twitter、800文字＝noteを目安にアウトプットする

STEP 3　広告やSNSの表現の裏側にあるマーケティング戦略を考えて言語化してみる

STEP 2　追加でリサーチする
オウンドメディア、SNS投稿、取材記事など

STEP 1　日常の中で見つけた、マーケティングキャンペーン、広告、SNS投稿などを選ぶ

START

日常の「ニュース」で マーケティング思考を鍛える

第1章でお伝えした通り、マーケティングトレースは「言語化力・構造化力を磨く」ことを目的としています。

日常の中で言語化力・構造化力を磨くために有効的なのは「ニュースとの接し方を変える」ことです。

皆さん、毎日何かしらのニュースを読む習慣はあると思います。

ニュースは、アウトプットすることを前提に読むことをオススメします。

ニュースを通勤中に読み、スマホをスクロールして、「ふ〜ん、なるほど」と終わりにしてしまうのはもったいないです。次のように、マーケティングトレースの要素を入れてニュースを読んでみましょう。

① ニュースの裏側にあるマーケティング戦略を考える
② 自分なりに成功要因や事象が起こった理由を言語化する
③ SNSでアウトプットをしてほかの人からのフィードバックをもらう

この3つを毎日繰り返すと、すべてのニュースを「自分ゴト化」することができます。つまり情報感度が上がるのです。

ニュースと能動的に向き合い仕事に活かす

ニュースと接するときに、マーケティングトレースを意識するだけで、能動的に情報と向き合い、仕事に活かすことができます。

日常の中で接する情報は「アウトプットを前提」とすることがオススメです。著者自身が愛用しているのはNewspicksとTwitterです。

日常のニュースを読むという行為をマーケティングトレースとつなげるだけで習慣化しやすくなります。

以下は、著者がNewspicksで見つけたニュースに対して、簡易的にマーケティングトレースを行った様子です。

ニュースソース

「ペットボトルコーヒー大人気、サントリーの「ちび飲み市場」開拓秘話」（ダイヤモンド・オンライン）

▼ニュース要約

クラフトボスは、缶コーヒーという強い既存ブランドをリブランディング、つまりターゲット再定義とブランドコンセプト再定義により新しい市場を創り出した。

▼事実

BOSSの18年度は2600万ケースの販売見込み

▼缶コーヒー市場の傾向

成熟し縮小傾向

※コーヒー消費量は拡大傾向にあるにもかかわらず、缶コーヒー市場は縮小

▼従来の缶コーヒーイメージ

缶コーヒーはおじさんの飲み物

▼BOSS（サントリー）のターゲット再定義

若い世代や女性など、従来の缶コーヒー愛飲者とは異なるユーザーにアプローチ

▼商品コンセプト

手作業のぬくもり→クラフトBOSS

▼BOSSが定義した新しい市場

ちび飲み市場（ちびちびと少しずつ飲むこと）

※利用シーンはオフィスを想定

▼新市場とコミュニケーション戦略

オフィスを舞台に新しい働き方と合わせてクラフトBOSSをリリース

▼仕事に活かす視点

新しい市場を創り出すための「潜在ニーズを掘り起こすリサーチ手法」

"「大切にしているものを持ってきてほしい」というお題に対して、祖父からもらった万年筆や友人の皮革職人が作ったベルト、手書きの日記を持ってきた人たちがいた。"

手作業のぬくもり→クラフトボスというネーミングが生まれたとのこと。

▼学び

リブランディングを行う際は、今までの既成概念を捨て去り、「これからのユーザー」と向き合う意識が大切。

#マーケティングトレース

マーケティングを学ぶ材料は世の中にあふれている

❶ オススメのニュース媒体

日々のニュースの中でマーケティング思考を磨くためにオススメなのは次の3つです。

・Newspicks

・テレビ東京オンデマンド（カンブリア宮殿）

・日経新聞

❷ 日常生活の中で観察したいもの・電車広告・雑誌 ・アプリ・SNS

世の中で企業が発信している情報のすべてには意図があります。

その対象の裏側にあるマーケティング戦略を5分だけ考えて言語化する習慣を作りましょう。すべての物事の裏側にはマーケティング戦略が存在します。

その裏側を読み解くトレーニングを繰り返していくと、日常の視点が変わり、無意識にマーケティング戦略を考える習慣が身につくと考えています。好奇心を持って街の中を歩きましょう。

マーケティング思考を磨くチャンスは日常の中にあふれています。マーケティングトレースの考え方を日常の中で活かし、マーケティング思考を鍛えることにつなげていただけたら幸いです。

02　初級編　【所要時間：1～2時間】

STEP❶

テーマ企業を決める。条件は、「成長している」「社会性がある」「自分が好き」など。

STEP❷

基本フレームワークの5つから活用するフレームワークを2つ選ぶ。

STEP❸

オウンドメディア、各種メディア、IR資料などをリサーチする。

STEP❹

フレームワーク分析からマーケティング戦略の成功要因を言語化する。

STEP❺

1000～2000文字を目安にnoteにまとめて発信する。

まずは、成功している企業のマーケティング戦略をトレースして、理解を深めることからスタートしましょう。

最後の「自分がCMOだったら?」という仮説は可能であれば考えてみましょう。難しそうであれば最初はトレースのみでも十分です。

マーケティングトレース　初級編

STEP 5
1000 ～ 2000文字にまとめる→noteに発信する
FINISH
STEP 4
フレームワーク分析からマーケティング戦略の
成功要因を言語化
オウンドメディア、各種メディア、IR資料など
をリサーチする
STEP 3
STEP 2
基本フレームワーク5つの中から活用する
フレームワークを2つ選ぶ
テーマ企業を決める
※条件:成長している、社会性がある、自分が好き
STEP 1
START

03　中級編　【所要時間：3時間】

中級編は、マーケティングトレースの基本の型です。日常編や初級編で慣れてきたら、ぜひ中級編を定期的に行いましょう。週に1回くらいのペースで継続することがオススメです。

STEP❶

テーマ企業を決める。条件は「成長している」「社会性がある」「自分が好き」など。

STEP❷

基本フレームワークの5つを活用しながらマクロ環境・ミクロ環境分析、組織分析を行う。

STEP❸

オウンドメディア、各種メディア、IR資料などをリサーチする。

STEP❹

成功要因の言語化とあわせて「もし自分がその会社のCMOだったらどうするか？」を考えて仮説アイデアを言語化する。

STEP❺

2000〜4000文字を目安にnoteにまとめて発信する。

マーケティングトレース　中級編

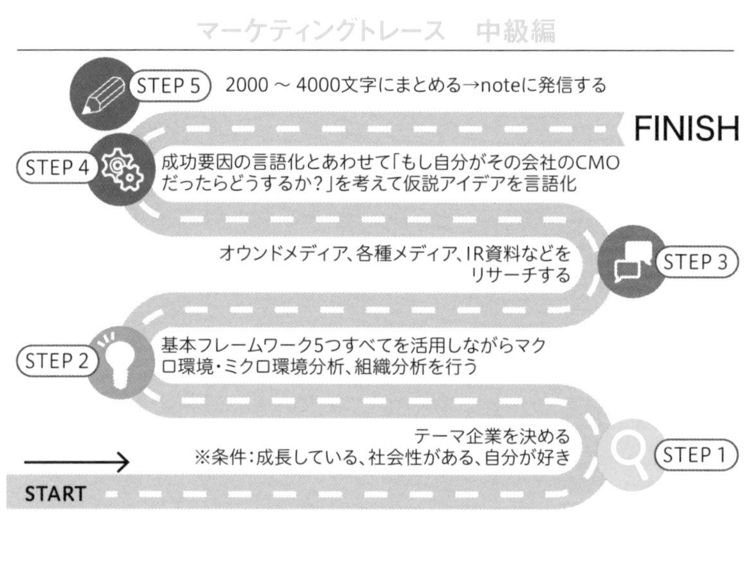

STEP 5
2000 〜 4000文字にまとめる→noteに発信する
FINISH
STEP 4
成功要因の言語化とあわせて「もし自分がその会社のCMOだったらどうするか？」を考えて仮説アイデアを言語化
オウンドメディア、各種メディア、IR資料などをリサーチする
STEP 3
STEP 2
基本フレームワーク5つすべてを活用しながらマクロ環境・ミクロ環境分析、組織分析を行う
テーマ企業を決める
※条件：成長している、社会性がある、自分が好き
STEP 1
START

04　上級編　【所用時間：5時間】

上級編は、より分析にオリジナル視点を持ち込み、リサーチも一歩踏み込んで行うことを推奨しています。自分の中で「これでもか！」というレベルでやり込んだマーケティングトレースを持っておくことがオススメです。本当に大好きな企業やブランドを選定すると取り組みやすくオススメです。

STEP❶

テーマ企業を決める。条件はこれまでと同様に「成長している」「社会性がある」「自分が好き」など。

STEP❷

フレームワークは基本5フレームワーク以外も組み合わせて活用する。

STEP❸

オウンドメディア、各種メディア、IR資料以外にフィールドワークやユーザーインタビューを組み合わせてみる。

STEP❹

成功要因の言語化とあわせて「もし自分がその会社のCMOだったらどうするか？」を考えて仮説アイデアを言語化する。

STEP❺

5000文字超を目安にnoteにまとめて発信する。

マーケティングトレース　上級編

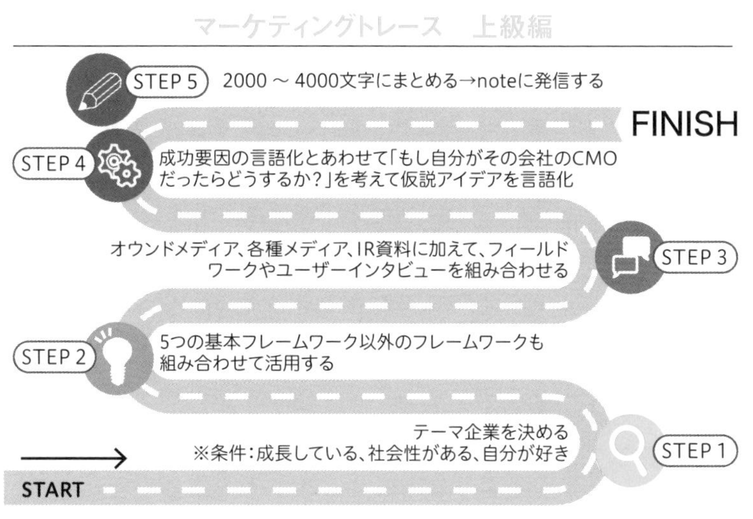
STEP 5
2000 ～ 4000文字にまとめる→noteに発信する
FINISH
STEP 4
成功要因の言語化とあわせて「もし自分がその会社のCMOだったらどうするか？」を考えて仮説アイデアを言語化
オウンドメディア、各種メディア、IR資料に加えて、フィールドワークやユーザーインタビューを組み合わせる
STEP 3
STEP 2
5つの基本フレームワーク以外のフレームワークも組み合わせて活用する
テーマ企業を決める
※条件：成長している、社会性がある、自分が好き
STEP 1
START

上級編で活用する応用フレームワークは下記のリストを参考にして活用していただければと思います。第2章で解説した基本フレームワーク以外のものも自由に組み合わせて活用してみてください。

優先順位	フレームワーク	活用用途	概要
★★★	PEST	市場分析	政治／経済／社会／技術の4つの視点で情報を整理し、市場・業界・ビジネスに影響を与える要素を分析する
★★	SWOT	市場／事業分析	自社の強み／弱み・市場の機会／脅威を整理・分析して戦略の方針を作る。自社の資源と目的の方向性を定義する
★★★	5Forces	業界分析	新規参入者・代替品・競合・買い手・売り手の交渉力を分析し、業界構造を理解する
★★★	3C	戦略整理	自社・競合・顧客の3つの視点で情報を整理し、戦略の方向性を定める
★★★★★	STP	戦略整理	市場を分ける、メイン顧客を決める、ブランド想起を整理し、マーケティング戦略の土台を整える
★★★★★	4P	戦略整理	商品・価格・流通・広告の4つの要素で情報を整理し、価値を顧客にどのように届けるかを設計する
★★	態度変容モデル	施策整理	認知・購買・リピートと顧客の態度変容モデルを整理し、具体的なコミュニケーション施策を考える
★★★	収益ドライバー	数字把握	マーケティングで影響を与える指標を整理し、施策に影響を与える数字目標を明確にする
★	もし自分が CMO だったら？	全体像整理	外部環境・組織構造・現状のマーケティング施策・成功／失敗要因をまとめ、最後に「もし自分がCMOだったらどうするか？」を整理する

ここで紹介したトレーニング方法を参考にしていただきながら、自分が継続できるメニューを作って実践してみてください。

マーケティングトレースは日常の中で継続することが一番大切です。街を歩いていたら、自然とトレースをしている状態になるまでやり込みましょう。

ペアマーケティングトレースで新しい視点を手に入れる

マーケティングトレースを継続するための工夫として、1人だけで取り組まないことを推奨しています。「ペアマーケティングトレース」という方法をご紹介します。マーケティングトレースのミートアップでも、ペアマーケティングトレースをテーマに行ったときは大反響でした。

ペアで学習する、仕事をすることは、マーケティング以外の分野で既に取り組みがあります。

ペアプログラミング、ペアデザイン、ペア読書など、「ペア」＝2人になって学習することの意義は他分野でも推奨されています。

たとえば、ペアプログラミングについて掘り下げて見てみましょう。

ペアプログラミング（英：pair programming）は、2人のプログラマが1台のワークステーションを使って共同でソフトウェア開発を行う手法という説明が起源である。一方が単体テストを打ち込んでいるときに、もう一方がそのテストを通るクラスについて考えるといったように、相補的な作業をする。（出典：Wikipedia）

ペアでマーケティングトレースすることのメリットは自分自身も感じています。

たとえば、株式会社才流代表取締役社長の栗原康太さんと一緒に行ったSmartHRのマーケティングトレースは自分1人でトレースするよりも発見が多く、アウトプットの質は圧倒的に上がりました。

〈ペアでマーケティングトレースをするメリット〉
- **気づきの幅を広げてくれる**
- **他者からのフィードバックにより学習効果が高まる**
- **共同作業なので責任を持ってアウトプットするようになる**

ペアマーケティングトレースの実践例

さっそくペアマーケティングトレースの実践例をご説明します。

例を見ていただきながら、周囲のマーケター仲間やチーム内で取り組んでみてください。

〈例1〉

❶［個人ワーク］情報収集・分析（30分）
❷［ペアワーク］お互いの分析内容を共有し追加リサーチ（20分）
❸［ペアワーク］もし自分（たち）がCMOだったらを考え発表（20分）

また、マーケターとデザイナーがペアになってマーケティングトレースをすることもオススメです。

〈例2〉

❶ 2人1組になりテーマ企業を決める
❷ A：マーケターがテーマ企業のマーケティング戦略を分析する
❷ B：デザイナーがテーマ企業のデザインを分析する
❸ お互いの気づきを共有する
❹ マーケティング視点、デザイン視点を統合し、その企業を成長させるためのアイデアを出す

ペアで学習する意味は、対話・フィードバックをし合いながら学ぶことで、インプットとアウトプットの質を上げることにあります。

ぜひ身近な人とペアになり、一緒にマーケティングトレースを実践してみてください。

競合調査にマーケティングトレースを活用する

次にマーケティングトレースを「社内」で実践する方法をご紹介します。

筆者は、皆さんが自社のマーケティング戦略を進化させるためにマーケティングトレースを活用することもできると考えています。

1つは競合分析にマーケティングトレースを活用することです。

マーケティングの現場で競合分析はやっているようでやっていないケースが多いと感じています。そこでマーケティングトレースの型を使って競合分析を実践してみましょう。

競合のマーケティングトレースを行うプロセスをご紹介します。

社内でマーケティングトレースを実践する例 【所用時間：3時間】

目的は競合を再定義することで、自社のマーケティング戦略を見直すことです。

❶ 5Forces分析から新規参入・代替品の脅威にあたる企業を特定
❷ グループに分かれて新規参入・代替品の脅威にあたる企業をマーケティングトレースする
❸ マーケティングトレース内容を共有して、改めて自社の価値を見直す

マーケティング戦略を考える際に「競合設定がされていない」「数年前から同じ競合名が言われつづけている」ということはよくあります。もしかしたら、外部環境が変化して、競合はすでに別の会社に変わっているかもしれません。

そんなときは、5Forcesから競合の再定義をして、新たな競合のマーケティングトレースを実践してみることをオススメしています。

ぜひ社内の研修にも組み込んでみてください。

マーケティング思考を組織全体で共有し、さらに戦略を進化させることができる一石二鳥のプログラムです。

仕事でマーケティングトレースを活用する

自社	競合	脅威
自分たちのマーケティング戦略を再定義する	競合のマーケティング戦略を丸裸にする	海外のスタートアップをトレースする

日報や週報にマーケティングトレースを活用する

2つ目は、日報や週報にマーケティングトレースを組み込むことです。

日報や週報を仕事の中で実践されている方は多いのではないでしょうか。

習慣化されている日報や週報の中に、下記のような形でマーケティングトレースを組み込んでみてください。

日報／週報にマーケティングトレースを組み込む例【所用時間：15分】

マーケティングトレースの対象にする企業：○○○○
URL：
活用フレームワーク：
成功要因：
自分たちの仕事に活かせる点：

チーム内でマーケティングトレースを日常的に行うことで、メンバー全員が外部の情報にアンテナを張るようになり、自社のマーケティング戦略も進化させやすくなるのではないかと思います。

マーケティングトレースは日常の中でマーケティング思考を鍛えるトレーニングとしています。土日に時間を確保することが難しい方は、仕事の中に組み込む方法を考えてみましょう。

〈第4章のまとめ〉

1. ニュースとの接し方を変えれば、マーケティング思考力は鍛えられる
2. SNSは最強の学習ツール。批判を恐れず発信すれば、自分の世界が広がる
3. 学ぶのに「時間がない」という言い訳は不要。マーケティング思考力のトレーニングを日常の仕事や生活に組み込もう

第5章

マーケティング思考力で理想のキャリアを築こう

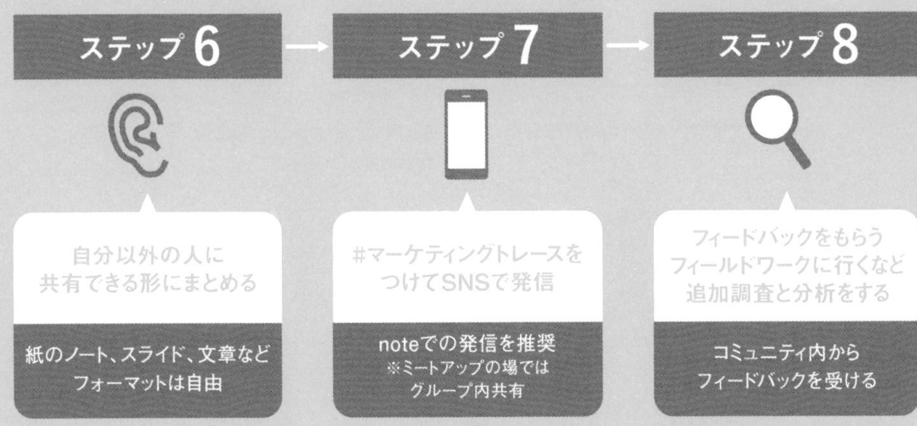

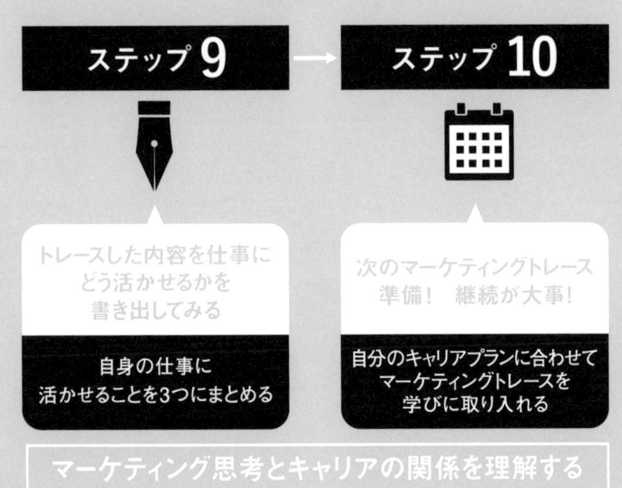

ステップ9
トレースした内容を仕事に
どう活かせるかを
書き出してみる
自身の仕事に
活かせることを3つにまとめる
ステップ10
次のマーケティングトレース
準備！　継続が大事！
自分のキャリアプランに合わせて
マーケティングトレースを
学びに取り入れる

マーケティング思考とキャリアの関係を理解する

マーケティング思考力はすべての専門性の土台である

ここまで、マーケティングトレースを活用して戦略を立てる力を身につけるためのポイントをご紹介してきました。この章では、マーケティング思考力を鍛えることと仕事・キャリアの関係性について考えていきます。

マーケティング思考を身につけて、ご自身のキャリアを発展させていくイメージを具体化することにつなげていただけたら幸いです。

著者は、マーケティング思考力を持った人材モデルを逆Ｔ字型で整理しています。

どのような人材を目指せばよいかを考える際のヒントにしてみてください。

逆T字型のスキルセット

専門スキル

マーケティング思考力

逆Ｔ字型の人材モデルを作った理由は「マーケティング思考力」は専門性を活かすために必要なものであることをお伝えしたかったためです。

マーケティング思考を土台として仕事をするイメージをつかんでみましょう。

マーケティング戦略を考える際の基本として「R-STP-MM-I-C」という考え方があります。

R-STP-MM-I-C

調査	戦略	戦術	実行	管理
Reseach	Segmentation Targeting Positioning	Marketing Mix	Implementation	Control

「マーケティング思考力を持っている」とは、このR-STP-MM-I-Cを仕事の中で活用できている状態と定義してみましょう。

1. R：リサーチ＝調査
2. STP：セグメンテーション＋ターゲティング＋ポジショニング＝マーケティング基本戦略
3. MM：マーケティングミックス＝価値の届け方（※4Pのフレームワークにヒモづく）
4. I：インプリメンテーション＝実行
5. C：コントロール＝効果測定と予算・施策調整

たとえば、デザインの専門スキルを持つ人が、Webサイト制作の仕事に取り組むケースについて考えてみましょう。

❶ マーケティング思考を持っていない人の場合

依頼された内容をデザインに落とし込むだけの仕事で終わってしまう

❷ マーケティング思考を持っている人の場合

自分が市場の調査をし、ターゲットやポジショニングの定義、マーケティングミックス要素の何が強みになるかを考えたうえでデザインする

当然❷のデザイナーのほうが高く評価されるはずです。

ほかには、専門スキルとなると、リスティング広告の運用、SEO対策、

デザイン、エンジニアリングなどもあります。

専門スキルを身につけている人は、そのスキルを最大限活かせるように、マーケティング思考力を鍛えるべきです。

逆T字型モデルをもとにしたセルフチェック

簡易的に自分のスキルセットを評価する項目を3つずつ用意してみました。

ぜひご自身のスキルセットがどうなっているかを自己評価してみてください。

基礎力評価

□既存のマーケティング戦略の成功要因・失敗要因を言語化できる
□マーケティング予算を根拠に持ち立案できる
□マーケティング戦略を経営者に提案できる

専門性評価

□特定の業務を依頼されて成果を出せる
□特定の業界知識に長けている
□特定の業界や領域において知識・スキル・人脈が豊富である

いかがでしたでしょうか?

筆者は、マーケティングトレースは、「マーケティング思考の基礎力を磨くトレーニング」と位置づけています。

基礎力があれば、組織や市場環境が変わったとしても、適応しながらキャリアを歩んで行くことができるはずです。

基礎力が自分自身に足りていない結果になった方は、ぜひマーケティングトレースを継続して実践しましょう。

マーケティングの仕事で成果を出して、理想のキャリアを描くためには、基礎力と専門性の両方を磨いていくことが大切です。

これから生き残っていくために、次の2つの要素を持ったマーケターを目指したいところです。

① 土台にマーケティング思考力を持っている

❷ その土台の上に専門領域が乗っかっている

自分自身の専門性を活かして市場、組織、顧客を動かすための戦略思考はすべての人に求められてきます。

VUCAの時代に求められるスキルセットとは？

キャリアを考えるうえで、目指す人材像は次の2つのタイプに分けられます。

❶ ゼネラリストタイプ
❷ スペシャリストタイプ

さて、どちらのタイプが今後生き残っていける可能性が高いのでしょうか？外部環境をもとに考えていきましょう。

現在はVUCA（ブーカ）の時代、つまり「あらゆるものを取り巻く環境が複雑性を増し、将来の予測が困難な状態」といわれています。

VUCAとは?

Volatility 変動性 コントロールしにくい	Uncertainty 不確実性 予測できない
Complexity 複雑性 複数の要素が絡む	Ambiguity 曖昧性 境界が曖昧

この時代背景を踏まえると、これからはスペシャリスト＝1つの専門性だけに依存するより、ゼネラリスト性を持ち合わせた方が、不確実な外部環境に適応しやすいのではないかと考えています。

スペシャリストを否定しているわけではなく、ゼネラリスト性を持ち合わせた方がよいのではないかという考えです。

不確実性が高い時代には、特定の専門領域に閉じてしまうことはリスクがあります。

たとえば、GoogleやFacebookのアルゴリズムは突然変わるかもしれないですし、特定のプラットフォームに依存した仕事は、いつなくなるかわかりません。その専門領域の前提となる条件が変わってしまう可能性はいつでもあるわけです。

一方で、企画・分析・発想力などの基礎力はいつの時代になっても、需要があるはずです。

「市場を動かすコンセプトを作る」「顧客の課題を特定して新たな打ち手を考える」といった仕事がAIに置き換えられることは考えにくいです。

結論は、どんな専門領域の仕事をしようが、基礎力を磨くことは怠ってはいけないということです。

マーケティングと経営をつなぐ思考を磨こう

ここまで理想のキャリアを歩むうえで基礎力を鍛えることの重要性をお伝えしてきました。基礎力を鍛える中で、押さえておきたい分野が1つあります。

それは「会計」です。

マーケターは「会計の基礎知識」は必ずつけておくべきです。筆者自身、自分が新卒時代に戻ったら、マーケティングとともに会計を学びます。

なぜマーケターにとって会計の知識が必要なのでしょうか。

マーケティングトレースで大切にしているのは、「もし自分がCMOだったら?」の視点です。CMOとは最高マーケティング責任者ですので「経営層」です。視点はいつも、「経営にどのようにインパクトを与えるか?」を考える役割です。

マーケターは市場を動かす役割を担っており、そのためには組織を動かすことが大切です。株式会社刀の代表取締役社長であり、USJを再建したことで有名なマーケター森岡毅さんも、著書『マーケティングとは「組織革命」である。』（日経BP、2018年）の中で、マーケターの役割として組織構造を理解し、組織を動かすことの重要性を説かれています。

組織を動かすためには、経営層と共通言語を持っていることが非常に重要です。このマーケターと経営層の共通言語となるものが「会計」です。

会計を理解して、経営視点でマーケティング戦略を語ることができるようになると、組織を動かし、結果的に顧客や市場に価値を届けやすくなります。

経営視点で考えるとはどういうことか？

マーケターに経営視点が必要だとは、さまざまなところで言われています。具体的にどういうことなのかを整理していきます。

広告を最適化することに取り組む視点と経営視点の比較をロジックツリーで整理してみます。日々の業務でどの指標を意識しているかを確認してみてください。

まず、広告を最適化するときに描くロジックツリーは次の通りです。

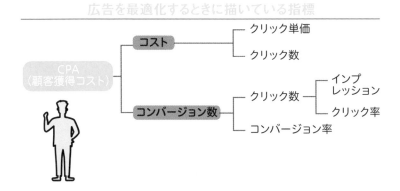

広告を最適化するときに描いている指標

- CPA（顧客獲得コスト）
  - コスト
    - クリック単価
    - クリック数
  - コンバージョン数
    - クリック数
      - インプレッション
      - クリック率
    - コンバージョン率

一方、経営視点があるマーケターの頭の中は、ROA（総資産利益率）を上げることを意識して仕事をしているイメージです。

経営視点で考えられる人は、次のような問いを持って仕事をしています。

・どうやって組織の利益体質を強化するか？
・現状を踏まえて最適な広告費は？
・どうやったらマーケットシェアをとれるか？
・何を根拠に価格設定するか？
・どうやってキャッシュフローを改善するか？

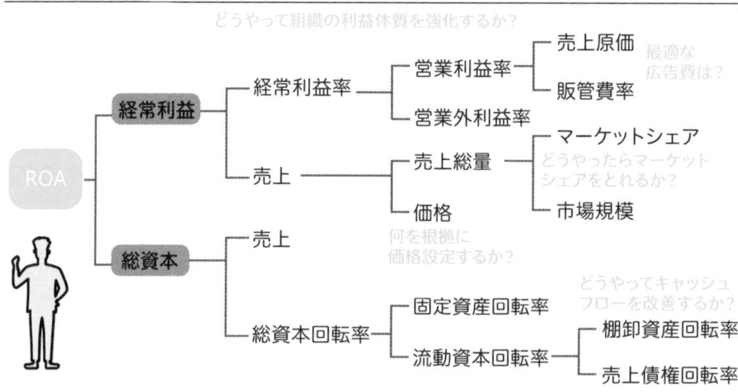

どうやってコンバージョン数（お問い合わせ数）を増やすかという視点だけで考えている人に比べると、俯瞰的に市場・組織を見て仕事をしているため、発信するアウトプットのレベルが高くなるはずです。

もちろん、特定のチャネル最適化を否定しているわけではありません。しかし、経営視点を持つ人は組織の中でも評価されやすいはずですし、市場価値も高くなりやすいです。

それでは、経営視点を持つために、日々どのような学習をするとよいのでしょうか。

まずIR資料を読めるようになろう

マーケティングトレースで推奨しているのは、まずIR資料を読めるようになることです。

IR資料とは、上場企業が株主に対して的確な経営情報を提供するための活動の総称です。

IR資料には、その企業の財務情報、成長戦略など、「経営」に関する情報がまとめられています。このIR資料を読むことは、経営層との共通言語を作るトレーニングとして最適です。

マーケティングトレースを実践する際にテーマ企業として上場企業を選んでみましょう。その上場企業のIR資料を読み込み、ビジネスモデルや成長戦略を理解したうえで、その先にあるマーケティング戦略を考えてみてください。

この習慣をつけるだけでも、経営とマーケティングをつなぐ思考を磨くことができます。

IR資料を読むときの視点

IR資料の読み解き方は人それぞれだと思いますが、マーケティングトレースをする際に推奨している視点をご紹介します。

決算説明資料を確認

その企業の成長戦略はどのように描かれているか？

決算短信を確認

その企業の直近の財務状況はどうなっているか？

決算説明資料からは次の5つの視点で企業の戦略を読み解いてみましょう。

1. 売上・営業利益の推移
2. 事業／商品構成
3. 今期の成長/投資戦略
4. 今期の成長戦略のKPI指標
5. 中長期の成長/投資戦略

この5項目を競合比較と時系列で比較をすると、定量、定性の両面で戦略を理解することができます。

また、次に紹介するツールを活用して概要を把握することも推奨しています。

バフェット・コード………ワンストップで効率的な財務分析ができるツール
https://www.buffett-code.com/

Newspicks……………………PC版で検索をすると企業の財務情報・業界情報・関連ニュースをまとめて閲覧することができます
https://newspicks.com/

経営視点を身につけるためのオススメの学び方

経営視点を身につけるために、マーケティングトレースとあわせて学ぶとよい方法をご紹介していきます。どちらもTwitterやnoteなどのSNSを参考にしながら学習できるので、ぜひ日常の中に組み込んでいただければと思います。

❶ 会計クイズで楽しく学ぶ

Twitter やInstagramで話題となっている「#会計クイズ」という会計のエンターテイメントコンテンツがあります。発信者の「大手町のランダムウォーカー」さんとは、何度かマーケティングトレースと会計クイズのコラボイベントを共催しています。

Twitterで毎週日曜日の21時にクイズが出題されます。ぜひ、会計クイズで毎週、財務諸表と触れる機会を作り、マーケティングと経営をつなぐ思考を磨いていってください。

会計クイズでP/LやBSなどの財務数字を理解して、さらにマーケティングトレースで深掘りしていくと、会計とマーケティングをセットで学ぶこともできます。

❷ ビジネスモデル図解を参考に学ぶ

もう1つ、マーケティングトレースとあわせて学ぶことを推奨しているのが「ビジネスモデル図解」です。

ビジネスモデルを理解する力はマーケティング戦略を考えるうえで必須です。ビジネス全体の構造が理解できていると、マーケティング戦略・戦術と経営戦略を接続しやすくなります。

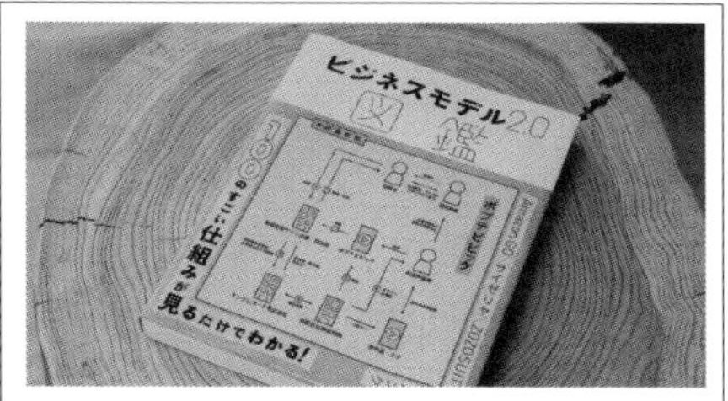

ビジネスモデル2.0図鑑 #全文公開チャレンジ

♡ 4675

チャーリー
2018/09/12 06:01

ビジネスモデルとマーケティング戦略がどのように連動しているかを読み解くトレーニングとして有効的だと考えています。

ビジネスモデル図解はチャーリー（近藤哲朗）さんの著書『ビジネスモデル2.0図鑑』（KADOKAWA）が全文公開されています。より俯瞰的にマーケティング戦略を考えるヒントが得られるはずです。

マーケターはマーケティングだけを学んでいればよいというわけではありません。会計やビジネスモデル図解を組み合わせて学び、マーケティングと経営をつなぐ思考を磨いていきましょう。

常に戦略に立ち戻れる人になろう

ここまでの内容で、皆さんがどんな仕事をしていようとマーケティング思考力が重要であることはご理解いただけたのではないでしょうか。

最後に、日々の仕事の中でマーケティング思考をどのように活かしていくのか、意識の持ち方や振る舞い方についてお伝えしていきます。

仕事をするうえでの大前提として「戦略が間違っていたら、実行部分をいくらがんばっても成果につながらない」ということは常に意識しておきましょう。

たとえば、A社、B社、C社があったとして、各社の戦略・戦術・実行それぞれのレベル感が次ページの図の通りだったとします。

要は一貫性のある組織と、一貫性のない組織です。

戦略が明確かつビジネスモデルが優れていると、
マーケティングの成果は出やすい
逆のケースはほぼない（仮説）

	A社	B社	C社
戦略	○	×	×
戦術	○	○	×
実行	○	○	○
結果	成果が出る	成果が出ない	現場が疲弊

筆者自身、これまでたくさんの組織を見てきて、それぞれの状態の組織におけるマーケティングに携わってきた経験から、戦略・戦術が明確になっている組織はマーケティング成果が出やすい傾向にあるといえます。

逆に、戦略・戦術が不明確なのに実行をがんばっている組織は、現場が疲弊してしまって、成果も出ない悪循環に陥っています。

もし後者の状態になってしまっているのであれば、実行部分をがんばるのではなく、戦略・戦術の見直しに視点を切り替える必要があります。

売れる仕組みが整っていないのに、無理やり広告を中心に売り込もうとしてうまくいくわけがありません。

日々仕事をがんばっているのに、成果につながらない、説明のためのレポートやパワーポイントの資料作成ばかり増えていく……という状態になってしまっていたら、視点を1つ引き上げ、ビジネスモデルや戦略から考え直してみましょう。

一緒に仕事をするパートナーや上司（時には経営層）に戦略に関する問いを投げかけてみましょう。

もし戦略目的があいまいになっていたら、それを一緒に作ることに時間を使ってみてください。

組織に戦略を埋め込むためのアクション案

❶ フレームワークを使って戦略の共通言語を作る

空気で判断しないために戦略を言語化・構造化

❷ 戦略議論に集中する会議体が作れている

組織全体が戦略レベルに立ち戻って考える習慣を作る

マーケティングトレースでつちかったフレームワーク活用や「自分がCMOだったら?」の視点が活きてくるはずです。

その仕事があなたの信頼価値につながり、もっと大きな仕事に取り組む機会につながるはずです。

日本のマーケティングリテラシーを底上げしたい

本書の最後に、マーケティングトレースというトレーニングとコミュニティを通じて、マーケターのキャリア、広くは社会にどのような変化を生み出していきたいのかをまとめていきます。

本書の読者の方々は、マーケターとして最終的にCMO（マーケティング責任者）を目指している方も多いのではないでしょうか。

目指しているけれど、どのようにキャリアを歩んでいけばよいのかわからないと悩んでいる方も多いと思います。

ここでCMOを目指す人のキャリアについて考えていきます。

マーケティングトレースのコミュニティでは、山口義宏さんの著書『マーケティングの仕事と年収のリアル』（ダイヤモンド社、2018年）に書かれている内容をよく紹介させていただいています。山口さんは、著書の中でマーケターのキャリアを6段階に分けて紹介しています。

マーケティングキャリアの6段階

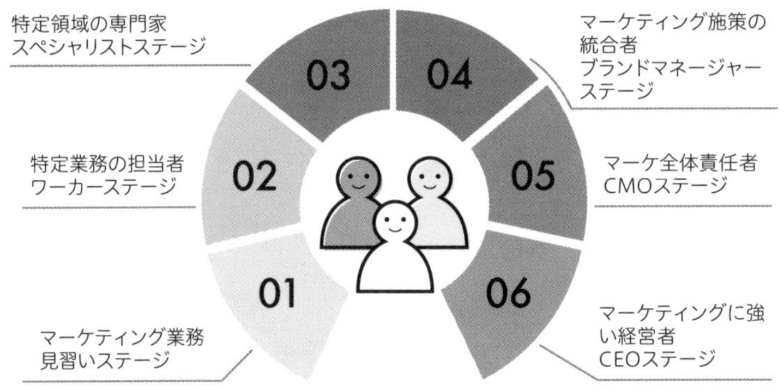

この6ステージの中で行き詰まりやすいのが、❸と❹の間だと思います。特定領域のスペシャリストにはなれるけれど、その先の経営層にたどり着く方法がわからないという声を聞くことが多いです。

このステージを上がっていくうえで必要な能力を鍛えるのに活用していただきたいのがマーケティングトレースです。

マーケティングトレースでは、自分が仮想CMOになってケーススタディを繰り返します。普段の業務では、特定のチャネルを最適化する仕事を担当している方でも、トレーニング中は視座を上げ、CMOになったつもりで思考し、アウトプットをします。つまり、CMOに近づくための筋トレです。

CMOになれる／なれない、キャリアステップを順調に登れるかはさまざまな要因が絡んでいるため、当然マーケティングトレースをやっていればステージが確実に上がるとは言えません。

とはいえ、コミュニティの参加者の中から、「マーケティングトレースを実践したことで、より俯瞰的に戦略を考えられるようになり、ただ言われたチャネル最適の仕事をしているだけではなくなった」といったうれしい声をいただくことも増えてきました。

マーケティングトレースを継続することが、CMOに近づくのに有効的であると、コミュニティを運営する中で手ごたえを感じています。

今どの企業にもマーケティング戦略を描き、実行までを一気通貫で思考できる人材が求められています。

マーケティングトレースを通じて、日本にCMO人材が増え、持続的に成長する企業を増やしていくことに微力ながら貢献していきたいです。

マーケターの人材流動性を高めていくこと

筆者は新卒でブランディングテクノロジー株式会社に入社しました。当社はマーケティング・ブランディングの力を通じて中小企業様の持続性ある成長を支援しています。

全国数百社の中小企業経営者さまと一緒に仕事をする中で、中小企業さまのマーケティングにおける課題をたくさん見てきました。

リソースが限られる中小企業においては、CMO(マーケティング責任者)がいる、またマーケティング部署が存在するケースはまれです。

マーケティングに関する知識やスキルを持つ人材が不足しているために、よいプロダクトやサービスがあるのに事業の成長が止まってしまう会社様もあります。

地方に足を運ぶと、まだまだ国内でも情報格差が存在すると感じます。マーケティングの力がまだ行き届いていないと痛感しています。

筆者がマーケティングトレースのコミュニティを通じて目指したいのは、「マーケターの流動性を高めること」です。

地方の優良企業、強い想いを持って立ち上がったスタートアップ、変革が求められている公共機関など、マーケティングの力が必要だけれど届いていないという組織がたくさんあります。

このような組織に、マーケティングトレース(マーケターの筋トレ)を通じて、マーケティング思考を磨いた人材が副業・兼業でかかわるような循環を作っていきたいと考えています。

セクターや分野を越境してマーケティングの仕事をする人が増えれば、もっと日本の産業を活性化させ成長させることができると本気で思っています。

まだ何も成し遂げていない筆者がこんなことを言うと笑われるかもしれません。しかし、個人の力ではなく、本書でご紹介した「型」と「コミュニティ」があれば変化を起こせるのではないかと思っています。

マーケティングトレースは誰でも日常の中で取り組めるトレーニングです。仕事をするすべての人に活用していただきたいです。

本書で「マーケター」という言葉をずっと使ってきましたが、マーケターのためだけに書いた本ではありません。グローバル化、AIやロボット領域の進化、これらの変化が進めば、すべての人がマーケティング戦略を考え、戦略から実行までを一気通貫で責任を持って仕事をすることが求められてくるはずです。
　一部の学習意欲が高く、情報感度が高い人だけがマーケティングを学び、マーケターを名乗っていても日本全体の産業競争力は変わりません。
　マーケティングトレースを通じて、マーケティングを限られた職種の人だけのものではなく、仕事をするすべての人がマーケティング思考を身につけることができる環境をこれからも作っていきます。

〈第5章のまとめ〉

1. マーケティング思考力は専門力の土台。マーケティング思考力と専門性を組み合わせて不確実な時代を乗り切ろう

2. 戦略の間違いは戦術と実行で取り戻せない。いつでも戦略に立ち戻れる人になろう

3. 会計やビジネスモデルを学んで、経営そのものと向き合う思考を鍛えよう

おわりに

最後までお読みいただきありがとうございました。
皆さんにとって、本書がマーケティング思考力を鍛える第一歩となり、ご自身の理想とするキャリアを描くことに少しでもつなげていただけたら幸いです。

書籍の中でわかりにくい箇所、マーケティングトレースを実践する中でつまずいてしまった場合は、Twitter で @KurosawaTomoki までお気軽にメッセージをください。

誰でも日常の中でマーケティングを学べる環境を作りたい——このような想いを持って2018年6月からマーケティングトレースというコミュニティを運営してきました。

マーケティングトレースは自分自身の学びのために作った言葉でした。初めて note で「マーケティングトレース —— マーケターにとっての筋トレとは何か？」について書いた当初は、自分が3000人規模のコミュニティを運営し、書籍を出版させていただくことになるとはまったく想像していませんでした。

正直にお伝えすると、私は今まで圧倒的な成果を出してきたマーケターではありません。戦略を考えたり、アイデアを出したりすることは苦手意識さえあった人間です。
専門性もなく、仕事やキャリアに悩んでいた中でたどり着いたのが、「マーケティングトレース」という手法でした。

よいお手本を模倣すること、自分の頭の中に大量の成功パターンを蓄積して、仕事で使えるようにすることで「戦略を考えることを武器にする」ことができるようになりました。

マーケティング思考力を鍛えるトレーニングを習慣にすると、街を歩くこと、ニュースを読むこと、仕事で出合うさまざまな出来事など、すべてのことを好奇心を持って観察できるようになりました。

そして、コミュニティを作りはじめてからは、マーケティングトレースの気づきを共有し、学びを深めることができるようになりました。

自分にとって、SNSで「#マーケティングトレース」を眺めることは、一番の学びの時間です。

コミュニティ運営チームの皆さん、マーケティングのミートアップに参加してくださっている皆さん、Twitterやnoteで応援のコメントをくださる皆さん、いつも本当にありがとうございます。

マーケティングトレースのコミュニティを通じて一番の学びをもらっているのは自分自身であり、これからは自分がさらに成長してコミュニティに恩返しをしていきたいと思います。

まずは、自分自身がコミュニティメンバーの一員として、マーケティングトレースを継続し、大量のインプットとアウトプットを繰り返す中でコミュニティに貢献していきます。

この本は完成されたコンテンツではありません。

これからも「マーケティング思考の型」を進化させつづけて、noteやTwitterでコミュニティに共有していきます。

皆さんとミートアップの場やSNS上でお会いできることを楽しみにしています。

最後に

■ブランディングテクノロジー株式会社代表取締役社長の木村さん

新卒時代から中小企業様の経営と向き合ってきた経験が今の自分の価値観を作っています。自由かつ責任ある環境の中で仕事をする機会をいただき、本当にありがとうございます。

日本全体にマーケティング思考を根づかせることが、持続可能な経営ができる中小企業を増やすことにつながると信じ、これからも仕事をしていきたいと思います。

■ OFFRECO代表のヤマシタさん

「マーケティングトレース ── マーケターの筋トレ」のコンセプトは、ヤマシタさんのnote「デザインの筋トレ　〜伝説の世界的デザイナーに教わった観察力を磨くとっておきの訓練法〜」に影響を受けて作りました。マーケティングの仕事は、最新ツールや成果を出すためのテクニックに関する話が多くなってしまいがちです。根底にある「マーケティング思考」を鍛える、市場や顧客を「観察」するトレーニングの重要性に気づくきっかけをいただき、ありがとうございました。

■ 世界へボカン株式会社代表の徳田さん

2018年6月に開催したマーケティングトレースの第1回ミートアップは、人が集まらず、継続していけるか不安でした。最初にコンセプトに共感していただき、背中を押していただけたおかげで、コミュニティを作っていくことができました。いつも支えてくださりありがとうございます。

■ 妻でありNPO法人Collable代表の山田小百合さん

一番近くで、いつも背中を押してくれてありがとうございます。

他者との関係性の中で学び合うことの意味は、Collableの活動から教わったことが多いように感じています。これからマーケティングの力をNPOセクターにも活かしていければと思います。一緒にがんばりましょう。

■ 父・黒澤真さん、母・恭子さん

幼稚園から大学までサッカー漬けの生活で、本をほとんど読まなかった自分が本を出版するなんて信じられないですね。好きなことを仕事にできているのは、好きなことをいつでも実現できる環境で育ててもらったおかげだと思っています。ありがとうございます。

ほかにも感謝をお伝えしなければいけない方々はたくさんいますが、直接お会いした際に伝えさせてください。

これからもたくさんの人に頼らせていただきながら「日本全体のマーケティングリテラシーを底上げする」ために自分ができることを積み重ねていきます。

2020年1月　黒澤友貴

Special Thanks（敬称略）

多田開史　@opicox_data
金森悠介　@user_id_us
松本吉史　@matsumotoo988
金城匡志　@kin_chan_chan
りょん　@pipi_yel211
當摩征也　@seiya_TA05
寺田彩乃　@sheyasque_ta
徳田裕希　@yukimeru0305
多田舞衣　@maE3do
鈴木優一朗　@yuichiro_ipsum
石井大輔　@BrandingTechno2
中嶋太一　@ILisp8
小林昂太　@kota_koba
福代和也　@OTE_WALK

黒澤友貴（くろさわ ともき）

1988年生まれ。ブランディングテクノロジー株式会社 執行役員 経営戦略室 室長。新卒でブランディングテクノロジー株式会社に入社。中小・中堅企業向けのマーケティング支援に10年従事。2018年6月より「日本全体のマーケティングリテラシーを底上げする」をミッションに3000人近くのマーケターが集まる学習コミュニティ「マーケティングトレース」を主宰。マーケティング思考力を高めるための学習プログラムを作り、全国でミートアップを開催している。

note https://note.mu/tomokikurosawa
Twitter https://twitter.com/KurosawaTomoki

マーケティング思考力トレーニング

2020年3月4日　初版発行
2020年12月21日　3刷発行

著　者　**黒澤友貴**

発行者　**太田 宏**

発行所　**フォレスト出版株式会社**
〒162-0824　東京都新宿区揚場町2-18　白宝ビル5F
電話　03-5229-5750（営業）
03-5229-5757（編集）
URL　http://www.forestpub.co.jp

印刷・製本　**中央精版印刷株式会社**

ISBN978-4-86680-071-4　Printed in Japan

マーケティング思考力で
自分をレベルアップする！

特別映像

著者・黒澤 友貴さんより

セルフマーケティングトレース
―マーケティング思考は最強のライフスキル―

1. 自分株式会社のマーケティング戦略を考えよう
2. セルフマーケティングトレースの実践方法
3. 理想のキャリアを築くための SNS 戦略

特別プレゼントはこちらから無料閲覧できます↓

http://frstp.jp/mtrace

※特別プレゼントは Web 上で公開するものであり、小冊子・DVD などをお送りするものではありません。

※上記無料プレゼントのご提供は予告なく終了となる場合がございます。あらかじめご了承ください。